Dr Pierre Dukan

Fotografías de Bernard Radvaner
Estilismo de Anne-Sophie Lhomme

El método
DUKAN
ilustrado

Cómo adelgazar rápidamente
y para siempre

RBA práctica

Sumario

Fase 2: el crucero

Fase 3: la consolidación

Fase 4: La estabilización definitiva

Los entrantes y aperitivos

Los platos

Los postres

Introducción

Desde hace treinta y cinco años me enfrento al sobrepeso todos los días en mi consulta de médico. Empecé solo, como un pionero en el cara a cara con mis pacientes.

Siendo un médico muy joven tuve la oportunidad de crear el régimen de las proteínas alimenticias. Con el paso de los años lo he mejorado a fuerza de ajustarlo a las necesidades y a las valoraciones de mis pacientes. El régimen se ha ido transformando gradualmente en un plan global que se publicó en 2001 con el título *Je ne sais pas maigrir* (*No consigo adelgazar*, RBA, 2010). Desde entonces, he obtenido la mejor recompensa que pueda imaginarse: más de un millón de lectores ha leído este libro en más de veinte países. Por desgracia, no conozco la proporción de las personas que han seguido el régimen propuesto, y aun menos de las que han alcanzado el peso ideal, que lo han consolidado y sobre todo que no lo han superado nunca.

Pero sé que todas las mañanas recibo una correspondencia afectuosa y creciente de lectores que se han beneficiado de ese libro y del método, y que desean darlo a conocer. La difusión de mi método se ha producido exclusivamente por el boca-oreja, sin ningún apoyo publicitario. Ahora soy consciente de que mi método ya no me pertenece sólo a mí, sino a todos los lectores que lo aplican y propagan.

¿Quiénes son? Principalmente mujeres organizadas y dispersas por toda la red de Internet. Se han inventariado más de 250 páginas web, foros y blogs en los que en la actualidad personas voluntarias, anónimas y desinteresadas viven en directo el intento de ocuparse de su peso con la ayuda del método. Son ellas quienes han terminado por dar mi nombre al método; yo no me hubiera atrevido a hacerlo.

Este libro y este método se dirigen a quienes desean adelgazar y que, frente a la multitud de dietas, no saben cómo y cuál elegir. He catalogado 210 regímenes propuestos desde la década de 1950, de los que se han publicado 72. Sólo hay 15 coherentes, y entre éstos, no quedan más que 7 grandes planes:

• el bajo en calorías: en teoría el más antiguo y lógico, en la práctica el menos eficaz;

• el Atkins, revolucionario, eficaz, pero que abre la puerta a la grasa y al colesterol;

- el Montignac, primer descendiente del Atkins, con sus virtudes y defectos;
- el Weight Watchers, muy innovador por sus reuniones, pero lastrado por su régimen bajo en calorías;
- la dieta South Beach, un buen régimen, pero sin auténtica estabilización;
- la dieta de proteínas, la más vendida del mundo, la más antinatural, una verdadera bomba para reengordar masivamente y durante mucho tiempo;
- el método que propongo.

Me cuesta un poco escribirlo, porque puede parecer falta de modestia, pero estoy convencido de que, entre todos los que se han propuesto hasta hoy, éste es, con mucho, el mejor. Por la simplicidad de su configuración, la solidez de su plan general, su eficacia, la velocidad de su arranque y la duración de los resultados, por la sencillez y lo natural de sus 100 alimentos opcionales, por la facilidad de aplicación y la globalidad del efecto en todos los aspectos del adelgazamiento, me parece la mejor manera que hay actualmente de adelgazar y sobre todo de no volver a engordar.

Voto por que este método llegue a ser un modelo de referencia en la lucha contra el sobrepeso en todo el mundo. A ustedes, lectoras y lectores, les nombro jueces de su eficacia. En este libro encontrarán la totalidad de mi método, la apertura a la actividad física al fin por prescripción médica y un conjunto de recetas que les permitirán variar hasta el infinito los platos en el curso de la dieta. Las recetas constituyen la dimensión de placer sin la que la lucha contra el sobrepeso sólo se practicaría desde la perspectiva de la restricción.

Entren en combate con unas palabras optimistas en la mente: «a voluntad», «rapidez» y… ¡«glotonería»! ¿Convencidos? Déjense guiar, ¡la aguja de la balanza empieza a temblar!

Un método
que ha superado las pruebas

¿Cuál es el único grupo de alimentos bajos en calorías que pueden aportar una sensación de saciedad al cuerpo sin fatigarlo? El de las proteínas.

La historia
de este régimen

Todo empezó siendo yo un joven médico de familia en un barrio de Montparnasse. Uno de mis pacientes era obeso. Eso parecía traerle sin cuidado, pero un día vino a verme para que le ayudara a adelgazar. Me apresuré a responderle que no era especialista en la materia. Él me replicó enseguida que conocía bien a los especialistas a los que me refería, y que había probado todos los métodos existentes sin lograr nunca perder peso de modo estable.

—Desde la adolescencia he perdido más de 300 kilos por mi cuenta, y como puede usted constatar, ¡lo he recuperado todo! —me dijo con un tono de profundo desánimo. Y añadió: —Seguiré sus consignas al pie de la letra, haré lo que usted quiera. Excepto una cosa: no me suprima la carne, ¡la carne me gusta demasiado!

Fue así como empezó la aventura, cuando le devolví la pelota: —Pues bien, durante 5 días no coma más que carne, tanta como quiera.

La semana siguiente mi paciente volvía a estar en la consulta y lucía una sonrisa radiante. ¡Había perdido casi 5 kilos!

Así que decidimos de común acuerdo proseguir con aquella experiencia. Le pedí, sin embargo, que bebiera lo suficiente y que se hiciera un análisis de sangre, porque me preocupaba su colesterol. Una semana después, el análisis de sangre daba un resultado óptimo, y el hombre había perdido 2 kilos más…

De este modo empecé a fijarme de modo más concreto en el interés de las proteínas para un plan de adelgazamiento. Al cabo de 20 días de régimen, mi paciente había perdido cerca de 10 kilos, pero comenzaba a estar harto de su plato preferido. Por eso añadimos algunas verduras a sus menús, y productos lácteos, huevos y pescado.

Yo seguía sin imponerle ninguna restricción a las cantidades de alimento, y él agradecía con alegría aquella libertad y aceptaba de buena gana mis consignas: consumir únicamente proteínas y algunas verduras.

Desde entonces, como se verá en estas páginas, el método se ha perfeccionado gracias a las reacciones de mis pacientes y he elaborado recetas simples y prácticas, pero la base ha seguido siendo la misma: es con las proteínas animales con lo que se puede adelgazar rápidamente y de manera duradera, y sin restricción de cantidades.

Con la llegada de Internet, he puesto mi experiencia en común con la de mis pacientes… Los internautas que navegan por mi página web me hacen también partícipe de su experiencia, combinamos sus trucos con los míos, a mis recetas se suman otras, menos profesionales pero igualmente creativas, de mujeres que participan en los foros. Funcionamos en equipo, persiguiendo un objetivo común: ¡adelgazar con glotonería!
De Zerocomplexe, pasando por Club-Regime o Regimefacile, todas las personas que han participado en los foros han puesto su granito de arena. Yo no soy, pues, el único autor de este régimen: ¡mis pacientes son sus creadores permanentes!

Este libro es, en suma, resultado de largos años de experiencias, de pruebas y progresos que usted podrá aprovechar hoy.
Si, como mi primer paciente, sigue al pie de la letra las consignas que se darán a continuación, es imposible que no adelgace rápidamente. No necesita un equipo complejo, sólo se requiere una báscula. Nada de cálculo de calorías, ni de equilibrio de alimentos, ni de tablas con cifras complejas.
La lectura de las diversas etapas es muy simple, porque sólo hay que memorizar dos o tres consignas. Por lo demás, en este plan sencillo todo es a voluntad.

Pero antes de lanzarse al principio del régimen propiamente dicho, es necesario recordar los distintos grupos de alimentos, para que no se equivoque en la elección de los ingredientes.

Los lípidos, los glúcidos, los prótidos

El conjunto de los alimentos que consumimos se compone únicamente de tres tipos de nutrientes: glúcidos, lípidos y prótidos o proteínas. El valor calórico de estos tres nutrientes es diferente, pero hoy sabemos de la importancia de no considerar un alimento sólo por su aporte calórico: así, el organismo no trata del mismo modo 100 kcal aportadas por un trozo de pastel de chocolate, de pescado o de vinagreta. El provecho final de estas calorías varía mucho según su origen. Por eso resulta esencial conocer bien los nutrientes, a fin de elegir bien dentro del esquema de la dieta que vamos a emprender juntos.

Los glúcidos

Los glúcidos se dividen en dos subgrupos: azúcares lentos y azúcares rápidos. Los azúcares rápidos son los que se encuentran en los alimentos dulces: los bombones, los pasteles, el vino, la miel, la fruta… Todos sabemos que no son amigos de los regímenes… Los azúcares lentos están en el pan, las pastas, pero también en legumbres como las lentejas o las alubias. Se los llama «lentos» porque el cuerpo los asimila más despacio que los azúcares rápidos, que producen, al poco tiempo de asimilarse, una fuerte sensación de hambre. En el plano metabólico, estos últimos favorecen la secreción de insulina, con lo que incrementan la producción y el almacenamiento de grasas.

Los glúcidos no proporcionan más que 4 kcal/g, pero se suelen consumir en grandes cantidades antes de sentir saciedad.

El programa de nuestro régimen excluye totalmente los glúcidos hasta obtener el peso deseado. No se reintroducirán hasta el periodo de consolidación (fase 3). Después podrá consumirlos con total libertad seis días de cada siete, durante la fase de estabilización (fase 4).

Los lípidos

La mayoría de los candidatos a regímenes los conoce bien, porque son el enemigo número uno de su línea. Con 9 kcal/g, a los lípidos también se les llama grasas. Están prácticamente ausentes de nuestro programa. Las grasas pueden ser de origen animal: la charcutería contiene muchas, la carne de cordero es rica en ellas. Ciertas aves de corral y ciertos pescados son también muy grasos: el pato, la oca, el salmón, el atún… Desde luego, la mantequilla y la nata contienen más del 80 % de lípidos.

Los lípidos vegetales, como el aceite de oliva o de colza, aunque puedan resultar interesantes para la salud (suelen ser ricos en omega y buenos para el corazón), se proscribirán también en el curso de la dieta.

Los prótidos o proteínas

Las principales fuentes de proteínas son los productos animales: la carne las contiene en suma abundancia. Ciertos alimentos están casi desprovistos de grasas, y resultan especialmente interesantes en el plan de nuestro régimen: son por ejemplo las partes magras de la vaca, el pavo, ciertos menudillos, el pescado blanco, las gambas, el cangrejo… La clara de huevo es la fuente más interesante de proteínas, y además no contiene colesterol. Con la clara se puede crear una infinidad de recetas sabrosas y saciantes.

Los cereales y las leguminosas contienen también proteínas, pero son demasiado ricos en glúcidos. Por eso no los conservamos en el esquema de nuestro régimen. En todo el plan de ataque, los menús deben consistir en proteínas y sólo en proteínas.

Las proteínas, un nutriente vital

No es peligroso consumir únicamente proteínas en una dieta, sino todo lo contrario, puesto que éstas forman el único grupo de nutrientes que el cuerpo es incapaz de sintetizar por su cuenta. Puede extraer de sus reservas los glúcidos y los lípidos necesarios para obtener energía. En cambio, no será capaz de fabricar sin ayuda proteínas, y por ello un régimen que no las incluya puede resultar peligroso. En caso de insuficiencia, el cuerpo hallará las proteínas necesarias para su supervivencia en los músculos, la piel o incluso los huesos. Una dieta debe proporcionar siempre al menos 1 g de prótidos por día y por kilo, y los prótidos deben estar igualmente repartidos entre las tres comidas.

¡Se queman calorías mientras se digieren proteínas!

La digestión de las proteínas es extremadamente larga. ¿Sabía que hacen falta más de tres horas para digerir y asimilar una comida rica en proteínas? Pero eso no es todo: para extraer las calorías de las proteínas, el cuerpo tiene que hacer un esfuerzo considerable. ¡Se ha calculado que para utilizar 100 kcal hay que consumir 30! El simple hecho de digerir reduce pues el aporte calórico de una comida rica en proteínas.

El interés de las proteínas:
la confirmación de las pruebas científicas

La proteínas puras reducen el apetito

Como no se digieren fácilmente, las proteínas inhiben mucho el apetito. En efecto, un consumo abundante de proteínas puras hace que el organismo secrete cuerpos cetónicos, que reportan una duradera sensación de saciedad. Después de tres días de ingerir proteínas puras, el hambre desaparece por completo. Se puede resistir fácilmente al picoteo, ya que no hay amenaza de hambre.

Las proteínas puras reducen el aporte calórico

En el ser humano, la proporción ideal de nutrientes (gracias a los que podrá obtener la mayor cantidad posible de calorías para sobrevivir) es la siguiente: 5 partes de glúcidos, 3 partes de lípidos y 2 partes de proteínas. Si la composición del bolo alimenticio corresponde a estas proporciones, la asimilación de los nutrientes es ideal. Esta asimilación se efectúa a través del intestino delgado con una eficacia máxima. Cuando se invierten las proporciones, se trastoca también la absorción de calorías en el organismo, lo cual resulta de especial interés. La alimentación limitada a uno sólo de los tres nutrientes causa automáticamente una mala absorción de calorías. Pero una alimentación exclusivamente compuesta de glúcidos o de lípidos no es factible, puesto que a la larga pondría en peligro su salud: aumento de colesterol, aparición de diabetes, problemas cardiovasculares. Sólo una alimentación exclusivamente compuesta de proteínas es posible sin peligro para el organismo. Cuando se presenta el consumo de proteínas al sistema digestivo, a éste le cuesta aprovechar plenamente el contenido calórico de los alimentos. El organismo intenta entonces aprovechar sólo las proteínas indispensables para el mantenimiento de los órganos y prescinde de buena parte del resto de las calorías recibidas.

Las proteínas puras ayudan a luchar contra la retención de agua

Las dietas a base de vegetales, frutas, legumbres y sales minerales favorecen la retención de agua. La que usted está a punto de descubrir, basada en las proteínas, es por el contrario hidrófuga porque facilita la eliminación de orina, lo que es especialmente interesante en el periodo de la menopausia, o simplemente en el periodo premenstrual. Nuestro programa es pues muy interesante para la mujer, que tiende a retener más fácilmente el agua en los tejidos. Algunas de mis pacientes, poco acostumbradas al sobrepeso antes de la menopausia, se encuentran así con los tobillos hinchados, las piernas pesadas, el vientre tenso. Los pequeños regímenes que habían hecho por hábito a lo largo de su vida (por ejemplo, comer menos después de una semana festiva) se revelaban de pronto inoperantes. El plan de ataque de nuestro régimen, compuesto exclusivamente de proteínas, ha obrado milagros en ellas.

Las proteínas combaten eficazmente la celulitis

Los resultados de la dieta de proteínas Protal respecto a la celulitis son espectaculares. Estos resultados se explican sencillamente por la capacidad hidrófuga de las proteínas y el intenso filtrado de los riñones. El agua penetra en los tejidos y sale de ellos colmada de desechos. Se elimina la celulitis. Por eso, repitamos, es indispensable beber mucho a lo largo de todo el régimen.

Recuerde beber mucho para eliminar los desechos

El cuerpo sólo puede utilizar una parte de las proteínas que le ofrecemos. Sólo alrededor de un 50 % son asimilables, el resto se elimina en desechos a través de la orina, y puede causar un aumento del ácido úrico. Para paliar esta pequeña molestia, basta con tener cuidado de beber lo suficiente a lo largo del régimen (1,5 litros de agua al día). Nuestros estudios indican que, con una hidratación suficiente, el consumo de proteínas no presenta ningún riesgo particular. ¡La suma proteínas + agua es incluso muy beneficiosa para eliminar la celulitis!

El régimen Dukan

¿Qué es el plan Protal?

El plan de ataque que vamos a proponerle se llama así por comodidad. Protal es la contracción de dos palabras: proteínas y alternativas. En efecto, consiste en un dúo de dietas que funciona como un motor de dos tiempos: un periodo de régimen de proteínas puras (régimen de ataque) seguido de un periodo de proteínas combinadas con verduras, porque el cuerpo necesita un tiempo de recuperación para poder digerir su pérdida de peso. El plan Protal es pues la base de este régimen.

Gracias a la experiencia que comparto con mis pacientes, me he dado cuenta de que el plan Protal por sí solo no bastaba. En efecto, una vez perdido el peso y alcanzado el objetivo, mis pacientes tenían una tremenda propensión a relajarse del todo y a recuperar enseguida el peso perdido. Por eso se integró Protal en un plan de adelgazamiento más largo, compuesto de cuatro etapas que es imposible disociar. Atención: hay que aceptar el plan en conjunto, hay que tomarlo o dejarlo. Si se salta una etapa, podemos tener la seguridad de que el régimen estará llamado al fracaso.

Como contrapartida, la dieta en su conjunto ofrece ventajas seguras y usted conservará la motivación, por 4 razones:
• El plan Protal le propone una lista de consignas muy precisas, basta respetarlas para alcanzar el éxito.
• El plan Protal es un régimen totalmente natural. Entre los regímenes naturales, es el más efectivo.
• La dieta Protal no es frustrante, ya que no impone ninguna restricción de cantidad.
• No es posible efectuar el plan Protal a medias: ¡o se completa y se acepta en su totalidad, o se fracasa!

Las cuatro grandes etapas del plan Protal

• Fase 1: las proteínas puras

Es la fase de ataque del régimen, que estará únicamente compuesta de proteínas puras. El arranque es fulminante, y la pérdida de peso muy rápida.

• Fase 2: proteínas + verduras

Después de este periodo de guerra contra los kilos, sigue un periodo «de crucero», en el que se optará por un régimen de proteínas alternativas. Las comidas serán a base de verduras y de proteínas. Así se alcanzará el peso elegido.

• Fase 3: fase de consolidación

Una vez obtenido el peso, es importante evitar el fenómeno de rebote: después de toda pérdida de peso rápida, el cuerpo tiende a recuperar con extrema rapidez los kilos perdidos. Se trata pues de un periodo particularmente delicado, y el régimen no ha terminado en modo alguno. Habrá que permanecer en la fase de consolidación 10 días por cada kilo perdido.

• Fase 4: fase de estabilización

El periodo de estabilización definitiva es igualmente crucial, pues resulta decisivo para el éxito del régimen. Habrá que aplicar medidas simples a lo largo de su vida, a fin de no recuperar el peso perdido. Se tendrá que aplicar el plan Protal al pie de la letra un día por semana, preferentemente los jueves. Esta obligación es la que previene contra la recuperación de peso.

Como puede constatar, el plan Protal se ocupa de usted y no le abandonará nunca.

Las cuatro fases
del régimen

FASE 1
El ataque con las proteínas puras (PP)

Este periodo es el más motivador, porque se ve cómo la aguja de la báscula desciende a una velocidad vertiginosa, un poco como si se ayunara. Este plan de ataque es verdaderamente eficaz.

En esta fase se consumirán las proteínas más puras posibles y se eliminarán al máximo todos los demás nutrientes.

En realidad, no es posible eliminar por completo de la alimentación los glúcidos y los lípidos: en efecto, aparte de la clara de huevo, no existe ningún alimento que consista sólo en proteínas. El régimen agrupará pues cierta cantidad de alimentos cuya composición es la más cercana posible a la pureza en proteínas, como por ejemplo ciertas categorías de carnes, de marisco, de aves de corral, de huevos, de lácteos con 0 % de MG.

Duración: este periodo puede durar entre 1 y 10 días, según el peso que haya que perder.

FASE 2
El crucero con las proteínas alternativas o proteínas/ verduras (PV)

Esta segunda fase es indisociable de la primera, pues ambas funcionan en combinación. Se alternarán periodos de proteínas + verduras con semanas de proteínas puras.

Tanto el primer régimen como el segundo ofrecen idéntica libertad total en cuanto a las cantidades. Ambos permiten consumir los alimentos autorizados «a voluntad», en cualquier momento…

Veremos más adelante a qué ritmo hay que alternar estas dos dietas: dependerá del peso que haya que perder y de la edad, pero también de la motivación.

Duración: esta fase de crucero ha de mantenerse sin pausa hasta la obtención del peso deseado.

FASE 3
La consolidación del peso obtenido

La misión esencial de esta fase es volver a abrir la alimentación y estabilizarse. Podrá comer de modo más variado. Pero habrá que evitar el efecto rebote y el riesgo de recuperar peso. El organismo intentará resistirse, sobre todo si la pérdida de peso que usted acaba de conseguir es considerable. Reaccionará frente al saqueo de sus reservas y tratará de almacenarlas de nuevo: a tal efecto, reducirá al mínimo su gasto energético y asimilará al máximo cualquier alimento consumido. Una comida abundante que habría tenido un efecto escaso antes del inicio del régimen estará repleta de consecuencias durante este periodo.

Por eso se limitarán las cantidades de alimentos más ricos, para volver sin riesgos a la estabilidad del metabolismo y acabar con el efecto rebote, que es una de las causas más frecuentes del fracaso de los regímenes de adelgazamiento.

Duración: está ligada a la cantidad de peso perdido y es muy fácil de calcular: 10 días de consolidación por kilo de peso perdido.

FASE 4
La estabilización para siempre

Hemos visto que las personas familiarizadas con el sobrepeso saben muy bien que incluso después de un régimen no les será posible adquirir el equilibrio y la moderación alimentarios que la mayoría de los nutricionistas aconseja, acertadamente, como garantía de conservación del peso. Por eso es importante seguir tratando a la persona que ha culminado la fase de consolidación, teniendo en cuenta su personalidad de antiguo «gordo».

Protal, en esta cuarta fase, impone un día a la semana de régimen de ataque inicial (normalmente el jueves).

Duración: tanto tiempo como sea posible; lo mejor, toda la vida… Las escasas medidas de la fase 4 le permitirán comer igual que los demás sin volver a ganar peso.

Un régimen rico en agua

Las proteínas, cuando se digieren, introducen en el organismo residuos en forma de ácido úrico, por eso conviene beber como mínimo 1,5 litros de agua al día. Además, el agua mejora la eficacia de este régimen: adelgazar es quemar calorías, pero también eliminar. Puesto que, sea cual sea el tipo de combustión, la energía quemada en el curso de un régimen engendra residuos, hay que eliminarlos. El hecho de no beber agua, además de frenar la pérdida de peso, puede resultar tóxico para el organismo.

Un régimen moderado en sal

La dieta Protal es hidrófuga, es decir que combate eficazmente la retención de agua. Una alimentación demasiado salada retiene agua en los tejidos: tenga en cuenta que 1 litro de agua pesa 1 kg, ¡y que 9 g de sal poseen la capacidad de retener 1 litro de agua en los tejidos!

¿Dónde conseguir salvado de avena?

Lo encontrará en todas las tiendas dietéticas o bio. Elíjalo sin refinar, sin el germen. El salvado de avena es muy barato, a diferencia de otros muchos productos dietéticos.

El salvado de avena

El régimen Dukan se apoya también en un alimento-faro: el salvado de avena. A mi juicio es el alimento que más protege la salud.

El salvado de avena mejora con suavidad el tránsito intestinal

Hay en la naturaleza dos tipos de fibras: las fibras solubles (presentes en la pectina de la manzana y en el salvado de avena) y las fibras insolubles. Las fibras insolubles, como las del salvado de trigo, pueden resultar muy irritantes para los intestinos delicados. Las fibras solubles son, por el contrario, mucho más suaves: se convierten en una especie de gel y facilitan el tránsito, llevándose con ellas una pequeña parte de las calorías del alimento consumido. Tomado a diario, el salvado de avena le ayuda a conservar la línea: despacito y buena letra. Las personas muy reactivas pueden consumir el salvado después de macerarlo remojándolo en leche durante media hora.

El salvado de avena sacia

Se hincha al contacto con el agua y ocupa de veinte a treinta veces su volumen en el estómago. El vientre está pues lleno y ocupado durante mucho tiempo.

El salvado de avena es adelgazante

Tiene un extraordinario poder para absorber calorías en el intestino delgado y arrastrarlas consigo en los excrementos. Esta disminución calórica no es muy grande, pero sí constante, y con el tiempo termina por ser significativa. Además, el salvado de avena optimiza de manera no agresiva el tránsito intestinal que a menudo se ralentiza en el curso de las dietas.

El salvado de avena reduce el índice de colesterol

Numerosos estudios han demostrado ya la importancia de las fibras en relación al índice de colesterol, y el salvado de avena es, con mucho, el que tiene un impacto más positivo en el nivel de colesterol en sangre. Asociado a una alimentación equilibrada, el salvado de avena reduce el índice de colesterol de manera significativa.

Se recomienda su consumo para la prevención de enfermedades cardiovasculares.

El salvado de avena protege de la diabetes

Al disminuir la velocidad del paso de los azúcares rápidos a la sangre, reduce también la secreción de insulina y la fatiga del páncreas.

El salvado de avena protege del cáncer de colon

Si se toma todos los días y si va acompañado de una buena hidratación, el salvado de avena protege las paredes del intestino. El intestino es un filtro, y este filtro puede obturarse: polución, alimentación desequilibrada, pesticidas, intolerancias alimenticias… las paredes del intestino pueden irritarse. El salvado de avena desempeña un papel de esponja intestinal. Absorbe y limpia, si se toma a diario.

¿Se pueden consumir varias dosis de salvado de avena al día?

En el periodo de adelgazamiento propiamente dicho —fase de ataque y fase de crucero hasta alcanzar el peso ideal— es mejor no superar las 2 cucharadas soperas de salvado al día.

• 1 cucharada diaria no sólo está autorizada, sino que se aconseja.

• 2 cucharadas aumentan ligeramente este efecto y fluidifican el trabajo intestinal.

• 3 cucharadas mejoran aun más sus efectos, pero empiezan a tener un efecto calórico. Cuando entre en estabilización (fase 4), podrá pasar a esta dosis diaria.

Preguntas - Respuestas

¿Debo pedir a un médico que me haga un seguimiento durante el régimen Protal?

→ Si tiene menos de 50 años, es de constitución fuerte, no padece ninguna afección ni presenta factor de riesgo cardiaco o renal, si no sufre depresiones, insulinodependencia, anorexia o bulimia, no hay ningún motivo para que se inquiete, sobre todo si aprovecha una de las principales ventajas de la dieta Dukan: el consumo ilimitado de alimentos ricos en proteínas y verduras.

→ A partir de los 50 años, es bueno consultar a su médico a fin de que le haga un examen general con una pequeña evaluación biológica para detectar un eventual tiroides perezoso y problemas hormonales con retención de líquidos.

→ Lo ideal es disponer de un médico que le conozca suficientemente para ayudarle a seguir bien su régimen, a tomar la tensión arterial y a interpretar los análisis de sangre. Adelgazar es un acto difícil y antinatural. Por lo tanto, toda ayuda es bienvenida y preciosa.

¿Puedo utilizar las proteínas en polvo y en barritas?

Es imposible por dos motivos:

→ La mayoría de las barras que se venden en el comercio son muy ricas en glúcidos y su contenido en proteínas es demasiado escaso en relación a lo que se defiende en la dieta. Cuando no pueda cocinar, opte por alimentos fáciles de comer, como el jamón de pollo, el pavo o los surimis. También puede llenar la nevera de queso blanco tipo Burgos y de yogures desnatados 0%.

→ Sólo las proteínas de síntesis en polvo tienen un contenido suficiente, pero nuestro programa no funciona con proteínas en polvo, sino con proteínas naturales. En fase de estabilización, y sólo para recuperarse, podrá utilizar proteínas en polvo que contengan como mínimo un 95 % de proteínas.

¿Cómo conciliar régimen y colesterol?

→ Sólo hay que prestar una atención especial a los huevos. Si no tiene problemas de colesterol, puede tomar un huevo entero al día. Si su índice de colesterol es demasiado elevado, utilice sólo la clara para cocinar. En este caso, tome una galleta de avena (ver receta p. 42) con la clara sola. Si no, tome tantas claras como quiera y limite las yemas a cuatro por semana.

Tiendo a saltarme las comidas, ¿aceleraré así el régimen?

→ Al contrario: ante todo, no hay que saltarse comidas, se trata del paradigma de acción contraproducente, que hay que evitar por completo. Si por ejemplo se ha saltado el almuerzo, es muy probable que sienta el vientre vacío hacia las 17 h, y entonces sin duda se abalanzará sobre una tableta de chocolate. Imaginemos sin embargo que ha logrado resistir hasta la cena. Indefectiblemente comerá más y elegirá alimentos más gratificantes: féculas, panes, productos grasos... Y será su propio cuerpo el que lo penalice aprovechando aquello que usted le aporte. Si se alimenta en todas las comidas, el cuerpo saca un provecho razonable de los alimentos. Imaginemos que extrae del 70 al 75 %. Si usted se ha saltado el desayuno, no sólo comerá más después, sino que su cuerpo aprovechará un 95 % de lo que ingiera. A fin de cuentas, saldrá perdiendo por partida doble.

En resumen...el método Dukan en 12 puntos clave

❶ Eficacia
No conozco a nadie que, después de seguirlo con motivación y confianza, no haya adelgazado, no haya obtenido su peso ideal, no lo haya consolidado y estabilizado.

❷ Rapidez de acción
Resultados fulgurantes ya en la fase de ataque, que mantienen la motivación y hasta la incrementan.

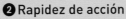

❸ Sencillez
100 alimentos, 72 con proteínas, 28 verduras.

❹ Ausencia de hambre
Los 100 alimentos aceptan la calificación «a voluntad».

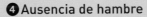

❺ Una estructura firme basada en 4 fases
Un marco preciso y firme en el que apoyarse, una hoja de ruta innegociable y difícil de transgredir.

❻ El peso adecuado para cada cual
Este concepto permite a todas las personas con sobrepeso que deseen adelgazar alcanzar su peso ideal.
Un peso que se puede «conseguir y conservar».

❼ Método natural
Los 100 alimentos de mi método son
fundamentalmente humanos,
los de los orígenes, los del cazador-recolector.

❽ Compromiso de estabilización
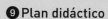
Tres medidas simples, concretas,
prescritas de por vida.

❾ Plan didáctico
Adelgazar al mismo tiempo que se aprende a adelgazar
a medida que se acepta intuitivamente la importancia de
los alimentos conforme se van introduciendo.

❿ Concepto de AFPR
«Actividad física prescrita con receta»:
una manera radicalmente nueva de prescribir
el segundo motor del adelgazamiento.

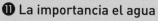

⓫ La importancia el agua
No olvide usted beber agua en cantidad cada día.
Puede hacerlo también en forma de infusión.

⓬ Método probado desde hace años
Existe incluso una **página web**
donde se ofrece un **seguimiento personalizado,**
al que usted **puede acceder** si lo desea (ver página 129).

Fase 1: **el ataque**

La fase de las proteínas puras es fulgurante.
Al seguirla, usted se encuentra a los mandos de un *bulldozer*
que aplasta todas las resistencias que encuentra.
¡Suba!

Los objetivos
de la fase 1

Sólo hay que seguir una consigna: lo que está autorizado lo está a voluntad

En las páginas siguientes encontrará una lista de alimentos autorizados (ver p. 38). Son para usted, los puede consumir a voluntad. De los demás, olvídese por el momento.

Asegúrese de beber al menos 1,5 litros de agua al día. Bebiendo más, tendrá la sensación de estar «ocupado» y sentirá antes la saciedad. Orinará mucho, porque como no tiene la costumbre de beber tanto, sus riñones se verán obligados a abrir las compuertas y a eliminar. Muy pronto sentirá una gran ligereza: ¡se le afinará el rostro, los anillos se le resbalarán de los dedos!

La frontera de los tres primeros días

El régimen de ataque aprovecha el factor sorpresa: el cuerpo tendrá que adaptarse a una nueva alimentación.

• El primer día de este régimen de ataque

Es un día de adaptación y de combate. Desde luego, deja la puerta muy abierta a numerosas categorías de alimentos habituales y sabrosos, pero la cierra a muchos otros que usted consume habitualmente. Para poner en marcha el régimen, elija preferentemente un día en el que pueda descansar y alimentarse como se le antoje: el principio de un fin de semana puede ser ideal, pero ya verá usted qué es lo que más le conviene según el ritmo de su semana.

La sensación de restricción será muy fuerte durante los tres primeros días. Para paliarla y cruzar la frontera, encárguese de llenar la nevera de alimentos autorizados. Así podrá aprovechar plenamente las posibilidades de este régimen que, por primera vez, permite comer «a voluntad» alimentos tan densos y preciosos como la carne de vaca o de ternera, pescado de cualquier tipo, incluyendo el salmón ahumado, el atún en lata, el abadejo, el surimi… Las ostras, los langostinos, los huevos revueltos, la infinita gama de productos lácteos bajos en calorías, jamón de york sin grasa ni corteza, sin olvidar el flan casero *light*, ¡elija usted! Así pues, el primer día coma tanto como quiera. Sustituya las calidades que faltan por la cantidad.

• El segundo día

Durante los dos primeros días puede sentirse una ligera fatiga, con menos resistencia para los esfuerzos prolongados. Su cuerpo ha sido «tomado por sorpresa» en el curso del régimen de ataque, se consume sin resistirse. Por lo tanto, no es el momento de imponerle gastos energéticos intensos. En este periodo hay que evitar los ejercicios violentos y los deportes al aire libre.

• A partir del tercer día

Cesa la fatiga, que suele dar paso a una impresión de euforia y de dinamismo que refuerza aún más los mensajes de ánimo que le anuncia la báscula. El hambre desaparece. Esta desaparición sorprendente está ligada a la liberación creciente de los famosos cuerpos cetónicos, los disuasores naturales del hambre más poderosos. También puede ser debida al hastío de quienes no son unos apasionados de la carne y el pescado: la monotonía tiene un efecto intenso sobre el apetito. El hambre canina y las compulsiones de azúcar desaparecen después de este tercer día.

Una pérdida de peso decisiva

Verdadero disparador psicológico y sorpresa metabólica, esta fase de ataque le permitirá perder deprisa y bien el máximo de peso que su cuerpo puede eliminar durante este breve periodo. Incluso usted se llevará una gran sorpresa.

Remediar el estreñimiento

El estreñimiento es debido a que los alimentos con proteínas contienen muy pocas fibras. Compre salvado de avena y échelo en los yogures. También puede tomar al final de la comida principal 1 cucharada de aceite de parafina (se vende en la farmacia). Y sobre todo, beba tanto como hemos dicho, pues como es sabido el agua hace orinar, y también hidrata y ablanda las heces, mejora el rendimiento de las contracciones y facilita el tránsito intestinal.

La sensación de boca seca

Aliento fuerte y sensación de boca seca son síntomas específicos de toda dieta de adelgazamiento, y aquí serán un poco más intensos que en regímenes de velocidad más progresiva. Indican pues que está adelgazando, y debe recibir con satisfacción estos mensajes de éxito. Beba más para atenuarlos y mastique chicle sin azúcar.

Tres comidas al día

Aunque el principio del régimen se basa en la posibilidad de comer a voluntad cualquiera de los alimentos de la lista que indicamos, es sin embargo importante conservar un ritmo general normal, compuesto de tres comidas. En primer lugar, si se salta una comida, su organismo se «vengará» en la próxima: se arriesga a sucumbir a alimentos no autorizados y su cuerpo, al que por definición no le gustan las frustraciones, almacenará en la misma medida los alimentos que usted le presente.

¡Pésese!

Pésese muy a menudo durante la fase de ataque, porque le levantará la moral: de hora en hora, constatará que la aguja de la báscula se inclina a la izquierda. La báscula será su amiga, le alentará durante la fase de ataque y le ayudará a permanecer alerta durante las fases de consolidación y estabilización.

Las reglas
de la fase 1

¿Cuánto tiempo?

El régimen de ataque se compondrá de proteínas puras. La duración de esta etapa varía según la edad, el peso que se quiera perder y el número de regímenes que haya probado antes. He aquí algunas pistas que le ayudarán a marcarse claramente el objetivo y a mantenerlo.

• Para una pérdida de menos de 5 kg

Se recomienda evitar un arranque demasiado intenso: con un solo día puede bastar. Este primer día llamado de apertura se beneficia de un efecto de ruptura que sorprende al organismo y permite una pérdida de peso sorprendente y lo bastante alentadora para impulsar el régimen.

• Para una pérdida de menos de 10 kg

Le propongo abrir con un régimen de ataque de tres días, lo que le permitirá pasar sin esfuerzo a la fase de las proteínas alternativas.

• Para una pérdida de entre 10 y 20 kg

La duración del régimen de ataque es en este caso de 5 días, el tiempo que permite al régimen dar los mejores resultados sin desarrollar resistencia metabólica ni fatigar a quien lo practica. Es la duración más habitual de esta fase.

• Para una pérdida de más de 20 kg

Para las obesidades mayores, cuando se persigue una pérdida de más de 20 kg, es posible alargar la fase de proteínas puras hasta los 7 días, incluso los 10 días, con supervisión médica. Puede probarlo también (después de consultar a su médico) si ha seguido varios regímenes. Su organismo puede llegar a ser recalcitrante. En este caso es absolutamente obligatorio beber al menos 1,5 litros de agua al día.

¿Cómo mantener el rumbo?

• Lea y relea con mucha atención la lista de alimentos autorizados, hágase una lista de la compra con los que le gusten. Fíese exclusivamente de esta lista. Siga la consigna que se resume en dos líneas: carnes magras, pescado y marisco, aves de corral, jamones, huevos, lácteos desnatados y agua.

• Coma con tanta frecuencia como desee, el régimen autoriza la cantidad, ¡aprovéchelo!

• No se salte ninguna comida, sería un grave error: comerá más en la comida siguiente, o peor aún, sucumbirá a alimentos prohibidos. Y su cuerpo le hará pagar caro esta restricción adicional.

• Beba mucho, y cada vez que coma. Para eliminar bien, debe beber obligatoriamente al menos 1,5 litros de agua al día. El agua también le ayudará a sentir saciedad.

• ¡Llene la nevera! Si las proteínas empiezan a faltar y tiene hambre, se abalanzará sin freno sobre un alimento prohibido. Por tanto, tome las comidas regulares a fin de no tener que privarse de nada.

¿Cuáles serán los momentos difíciles?

Los tres primeros días pueden ser una etapa delicada, porque su cuerpo tiene que habituarse a este nuevo modo de alimentación.

Tendrá que superar el hambre, que se atenúa a partir del tercer día, sentirá estreñimiento, pero todo se normalizará rápidamente gracias al salvado de avena.

Puede suceder también que en los tres primeros días sea intenso el deseo de sabores dulces. Resista, tres días no son el fin del mundo. Si logra cruzar la frontera, el hambre y los deseos compulsivos de azúcar se disiparán con la evolución de la dieta.

Las proteínas puras

¿De qué se trata?

Entre los alimentos que consumimos, sólo la clara del huevo está compuesta de proteínas prácticamente puras. No obstante, hay unos cuantos alimentos que se acercan a la perfección que buscamos, y por eso encontrará en la lista de alimentos autorizados en esta fase 1 los siguientes, extraordinariamente ricos en proteínas puras:

- la carne de caballo (excepto la falda);
- la carne de buey (salvo entrecot, costilla y todos los pedazos del cocido);
- la ternera;
- el conejo;
- las aves de corral (excepto el pato y el ganso);
- el pescado, los crustáceos y los mariscos;
- los huevos;
- el tofu y el seitán;
- los productos lácteos desnatados.

La ley del todo o nada

La eficacia de esta fase 1 está plenamente ligada a la selección de los alimentos: el régimen será fulminante en la medida en que la alimentación esté limitada a esta lista de alimentos. Pero cuidado, si no respeta al pie de la letra esta consigna, su régimen perderá impulso, incluso quedará atascado o se destruirá. No se autoriza por tanto ningún extra: si un cuadradito de chocolate después de una parrillada le parece poca cosa, para su organismo eso lo cambia todo: el principio del régimen, como ya hemos explicado, se basa en que el cuerpo sólo tendrá que digerir proteínas. Si introducimos azúcares o lípidos en la jornada, el ayuno proteico estará abocado al fracaso.

Así pues, es imposible hacer a medias este régimen. Protal obedece a una ley del todo o nada: pondrá en juego su eficacia metabólica si usted decide practicarlo «un poco».

En cambio, si respeta con rigor esta única consigna, el régimen impulsará a su cuerpo a:

- quemar calorías para digerir las proteínas;

- digerir más lentamente los alimentos con proteínas;
- recurrir más deprisa a sus reservas sin aminorar ni la musculatura ni el esqueleto;
- eliminar y librarse de la celulitis;
- combatir el edema y la retención de agua;
- reducir el apetito.

Ánimo, esta etapa no es muy larga: ¡llévela a cabo con determinación!

Un régimen ideal contra la retención de agua

También puede utilizar la fase de las proteínas puras si nota que, con los años, los kilos le van ganando terreno poco a poco. Dos o tres días de proteínas puras pueden devolver su cuerpo al camino recto. Este comentario se dirige particularmente a las mujeres que se sienten «hinchadas» en fin de ciclo, o a las mujeres que, con cincuenta años, ven cómo su cuerpo se transforma a pesar de que no comen más de lo acostumbrado. En efecto, en el caso de la mujer, el mecanismo de aumento de peso es más complejo que el de un hombre, y a menudo está relacionado con la retención de líquidos. Unos días de proteínas puras le permitirán no volverse a sentir «abotargada»: esta fase del régimen combate eficazmente las piernas pesadas, los dedos hinchados… más allá de lo que indique la báscula, va a encontrar realmente la línea: su silueta se transformará.

A lo largo de su vida, después de seguir el régimen, se podrá beneficiar de las ventajas de la fase 1 gracias a los jueves de proteínas, que instituiremos en la fase de consolidación.

Aumento de peso en la menopausia

Resulta evidente que la menopausia es un periodo muy delicado de la vida de una mujer en lo que concierne al peso, pero no hay que tirar la toalla. Lo importante es actuar desde que los primeros kilos empiezan a instalarse. En este caso, un jueves de proteínas por semana, o dos días cada quince, pueden bastar para mantenerse en su peso ideal. Para los otros días, evite beber demasiada agua y disminuya el consumo de sal, a fin de limitar la retención de agua. En este sentido, elimine los precocinados industriales: ¡aportan por sí solos cerca del 90 % de la sal que consumimos!

Los 72 alimentos
autorizados en el ataque

Tenga siempre a mano o en la nevera una amplia selección de las categorías de alimentos que se convertirán en sus amigos y en sus alimentos fetiche. Llévelos en sus desplazamientos, porque la mayoría de los alimentos proteicos requieren preparación, no se conservan tan bien como los glúcidos y los lípidos y no se encuentran tan fácilmente como las galletas o el chocolate en los armarios y en los cajones.

Antes de consumir un alimento, asegúrese de que está incluido en la lista de la p. 38. Que no le falten nunca los alimentos necesarios para su dieta. A fin de tener una seguridad completa, no se separe de esta lista durante la primera semana, es sencilla y se resume en dos líneas: carnes magras y menudillos, pescado y marisco, aves de corral, jamones y huevos, lácteos y bebidas.

Las carnes magras

• El buey

Todas las partes que se asan o se preparan a la plancha están autorizadas, sobre todo el bistec, el filete, el solomillo, el rosbif, y las piezas de primera categoría, como la babilla.

• Carne picada

Cruda, variantes a la tártara o carpaccio que se elaboren sin aceite. Para hacer las albóndigas, hay que aderezar la carne picada con huevo, especias y alcaparras y luego hacerlas al horno.

El bistec congelado autorizado, pero vaya con cuidado de que su contenido en materias grasas no supere el 10 %, el 15 % es demasiado graso para el periodo de ataque.

• La ternera

Las partes aconsejadas son el filete y la carne para el asado de ternera. La chuleta de ternera está autorizada, a condición de quitarle la grasa que la rodea.

¿Cómo preparar la carne?

Estas carnes deben prepararse sin utilizar materias grasas, sin mantequilla, sin aceite ni nata, ni siquiera light. La cocción recomendada es la parrilla, pero estas carnes también pueden hacerse al horno o al asador, prepararse al papillote o incluso hervidas. El grado de cocción se deja a criterio de cada cual, pero hay que saber que la cocción desgrasa progresivamente la carne, con lo que la acerca al ideal de la proteína pura en el que se basa esta dieta. No dude en utilizar las especias para evitar una cierta monotonía.

• **El caballo**

Es una carne sana y muy magra. Consúmala preferentemente en la comida de mediodía, porque es muy tonificante.

• **El conejo**

Carne magra que se puede consumir asada o cocida a la mostaza.

Los menudillos

Puede consumir la lengua de ternera y de cordero así como el hígado. Este último contiene numerosas vitaminas, sumamente útiles en un régimen de adelgazamiento. Cuidado no obstante con el colesterol.

Los pescados

Para esta familia de alimentos no hay restricción ni límite alguno. Todos los pescados están autorizados, sean grasos o magros, blancos o azules, frescos, congelados o en conserva al natural (no en aceite), sean ahumados o secos.

• **Todos los pescados grasos y azules**

Sobre todo la sardina, la caballa, el atún, el salmón…

• **El pescado ahumado**

El salmón ahumado, aunque graso y reluciente, no es mucho más graso que un bistec con 10% de MG. Lo mismo cabe decir de la trucha ahumada, la anguila o el abadejo.

• **El pescado en conserva**

Muy útil en caso de comida rápida o para un tentempié, está autorizado si se trata de conserva al natural como el atún, el salmón o la caballa al vino blanco consumida sin su salsa.

• **El surimi**

Preparado a base de pescado blanco extremadamente magro.

Los mariscos

Camarones, gambas, cangrejos, bueyes de mar, caracoles de mar, bogavantes, langostinos, ostras, mejillones y vieiras pueden consumirse a voluntad. Darán un aire festivo a la dieta.

¿Cómo preparar el pescado?

El pescado debe prepararse sin añadir materia grasa. Rocíe con limón y espolvoree con especias, o póngalo en el horno relleno de hierbas y de limón. También puede cocinarlo al vapor o, mejor aún, a la papillote para conservar íntegros los jugos de la cocción.

Las aves de corral

Se autorizan todas las aves de corral, salvo las de pico plano: el pato y el ganso. Cuidado: no consuma la piel.

• **El pollo**

Entre las diversas partes, la más magra es la pechuga, antes que el muslo y el ala.

• **El pavo**

En todas sus formas, en filete o a la sartén o el muslo asado al horno y trufado al ajo.

Los jamones sin grasa ni corteza

Sin grasa ni corteza y bajos en materia grasa. En esta forma, puede optar por el cerdo o el pavo, porque sólo contienen entre el 4 y el 2 % de materia grasa. Son prácticos para un desayuno rápido.

Los huevos

• **Los huevos enteros**

Se consumen duros, pasados por agua, cocidos al plato, en tortilla o revueltos en una sartén de silicona, es decir sin añadir aceite ni mantequilla.

• **La clara sola**

Los huevos son ricos en colesterol y se desaconseja su consumo excesivo a los sujetos con un nivel de colesterol anormalmente alto. Se recomienda limitar su consumo a 3 o 4 yemas de huevo por semana; la clara, que es proteína pura por excelencia, puede tomarse sin ninguna restricción. En este caso, también puede ser útil preparar tortillas y huevos revueltos utilizando una yema cada dos claras.

Proteínas vegetales

Puede consumir seitán y tofu, dos alimentos ricos en proteínas y pobres en grasa.

Los lácteos desnatados

• **Los lácteos naturales con 0 % de MG**

Yogur, requesón, queso blanco tipo Burgos… puede consumirlos a voluntad.

• **Los lácteos con 0 % de MG de sabores (vainilla, nuez de coco, limón…)**

Consumibles a voluntad.

• **Los lácteos desnatados afrutados pero no azucarados**

Se toleran en la fase 1, pero mejor evitarlos. Lo ideal en el ataque es no tomarlos, pero uno o dos pueden tolerarse.

• **La leche desnatada**

Fresca o en polvo, está autorizada y puede mejorar el sabor o la consistencia del té o del café. Puede participar en la elaboración de salsas, cremas, flanes o preparaciones diversas.

Las bebidas

Es en todo punto indispensable beber al menos 1,5 litros de líquido al día en el curso del régimen. No se trata de una recomendación, sino de una obligación. La cantidad de líquido no es negociable.

• Mientras el organismo digiere las proteínas, éstas liberan en forma de urea una gran cantidad de residuos en el cuerpo. Para eliminarlos, es indispensable beber lo suficiente.

¿Qué beber?

Se autorizan todas las aguas, especialmente las de manantial ligeramente diuréticas, como Solan de Cabras, apropiada además por su contenido en calcio y magnesio y sus niveles de sodio. Ante la duda, procure elegir siempre las marcas con una proporción de sodio menor. Puede probar con el agua de las marcas Font Vella, Viladrau, Lanjarón y Aquarel. Si la prefiere con gas, puede tomar agua Perrier, Lanjarón Fonte Forte, San Narciso o Vichy Catalán. Las burbujas y el gas no tienen incidencia en este régimen. Las aguas con sabores de Font Vella, conocidas como Font Vella Sensación, son asimismo válidas. Puede tomar también bebidas *light* (Coca-Cola *light*, Coca-Cola Zero y otras *light*). Piense también en el té, en otras tisanas o en la achicoria.

Los edulcorantes

El azúcar está prohibido, pero se autoriza sin restricción alguna el aspartamo. Cuidado, el aspartamo en polvo pierde parte de su poder edulcorante si se calienta. No lo cueza.

• En el curso del régimen, su organismo eliminará las grasas almacenadas. El agua ayudará a su cuerpo en esta operación. Si bebe abundantemente, efectúa un drenaje intenso.

Su adelgazamiento, aunque esté perfectamente orientado, se detendrá si no bebe lo bastante: los residuos salidos de la combustión de las grasas se acumularán en vez de ser eliminados.

Los aliños y los condimentos

En la p. 41 encontrará la lista completa de condimentos que puede tomar.

• La sal

Está permitida, pero su uso debe ser moderado, sobre todo si sufre retención de líquidos. Si está en fase de menopausia o premenopausia, evítela o privilegie las sales dietéticas poco yodadas.

• El aceite

Si bien ciertos aceites, como el de oliva, tienen una merecida fama de beneficiar al corazón y a las arterias, muchos aceites y lípidos puros no entran en esta dieta de proteínas puras. En cambio, el aceite de parafina o aceite acalórico de Ordesa está permitido para la preparación de vinagretas. Cuidado, sobre todo no lo cocine. Utilícelo en pequeñas cantidades y combinado con agua de Perrier que lo aligerará y reducirá su muy elevada capacidad lubrificante: el aceite de parafina implica el riesgo de acelerar desagradablemente el tránsito intestinal. Prepare la vinagreta con la siguiente mezcla: 1 dosis de aceite de parafina + 1 dosis de agua con gas + 1 dosis de mostaza + 1 o 2 dosis de vinagre.

• El vinagre

Especialmente presente en esta dieta. Dé prioridad a vinagres de sabor fuerte como el balsámico y el jerez y evite los de bajo precio: hay vinagres balsámicos poco caros que contienen caramelo, y por tanto muchos azúcares…

• El zumo de limón

Puede utilizarse para perfumar pescados o mariscos, pero no puede consumirse en forma de limón exprimido ni de limonada, aunque sea sin azúcar, porque, de ser así, ya no se trata de un condimento sino de una fruta, acidulada, sí, pero con azúcar e incompatible con las proteínas puras.

• La mostaza

Debe consumirse con moderación durante esta fase de ataque. Si padece retención de agua, hay mostazas sin sal.

• Los pepinillos, las cebollas

Están permitidos si se utilizan como condimentos, pero salen del esquema de la dieta de proteínas puras si las cantidades utilizadas son tan grandes que hay que considerarlas verduras. Cuidado con los patinazos en el aperitivo o en el restaurante…

• El ketchup corriente

No está autorizado, porque contiene mucho azúcar y al mismo tiempo mucha sal, pero hay ketchups de régimen sin azúcar que pueden utilizarse en cantidades moderadas.

Las plantas aromáticas y las especias

El tomillo, el ajo, el perejil, la cebolla, la chalota, la cebolleta... lo mismo que todas las especias no sólo se autorizan, sino que se aconsejan encarecidamente. Su uso permite enriquecer el sabor de los alimentos consumidos. Tendrá una fuerte sensación de saciedad, y satisfacción por el plato que acaba de saborear.

¿Qué comer en la fase 1?

Carnes

Autorizadas	Prohibidas
Bistec de buey	Cerdo
Bistec de caballo	Cordero
Carne de caza	Costilla de buey
Chuleta de ternera (sin grasa)	Entrecot
Conejo	Falda de caballo
Filete de buey	
Filete de ternera	
Lomo de vaca	
Rosbif	
Solomillo de buey	

Menudillos

Autorizados	Prohibidos
Hígado de ternera	Lengua de buey
Hígado de ave de corral	
Lengua de cordero y de ternera	
Riñón de ternera	

Charcutería

Autorizados	Prohibidos
Cecina	Jamón ahumado
Jamón de York	Jamón crudo
Jamón de pavo y de pollo	Jamón ibérico
	Jamón de jabugo

Pescados

Autorizados	Prohibidos
Abadejo	Atún en aceite
Atún y atún al natural	Caballa a la mostaza
Bacalao fresco	Sardina en aceite
Boquerones	
Caballa	
Dorada	
Emperador	
Fletán y fletán ahumado	
Gallo	
Gulas	
Lenguado	
Lubina	
Merluza	
Mero	
Mújol	
Pescadilla	
Rape	
Raya	
Rescaza	
Rodaballo	
Salmón y salmón ahumado	
Salmonete	
Sardina	
Sargo	
Surimi	
Trucha y trucha ahumada	

Marisco y moluscos

Autorizados
Almeja
Berberechos
Bogavante
Buey de mar / Centollos
Calamar
Cangrejo
Cigalas
Erizo de mar
Gambas / Camarones
Langosta
Mejillones
Ostras
Pulpo
Sepia
Vieiras

Aves de corral

Autorizadas	**Prohibidas**
Bistec de avestruz	Pato
Codorniz	Ganso
Pavo	
Pichón	
Pintada	
Pollo, pollo tomatero	

Huevos

Autorizados
Huevos de gallina
y de codorníz

Proteínas vegetales

Autorizados
Seitán
Tofu

Salvado de avena

Lácteos

Autorizados	**Prohibidos**
Leche desnatada	Quesos grasos
Queso fresco batido 0%	Lácteos de leche entera
Requesón desnatado /	
Queso blanco tipo Burgos	
Yogur desnatado o con	
sabores al aspartamo	

¿**Qué comer** en la fase 1?

Los condimentos

Autorizados

Agar-agar
Ajo
Albahaca
Algas marinas
Anís estrellado o badiana
Aromatizantes sin azúcar
Azafrán
Cubitos de caldo sin grasa
Cacao sin grasa
Canela
Cardamomo
Cebolla fresca
Cebolla seca
Cilantro
Clavo
Comino
Cúrcuma
Edulcorantes
Estragón
Jengibre
Ketchup de régimen
Limón (no en forma de
bebida)
Melisa
Menta
Nuez moscada
Pepinillo
Perifollo
Pimentón
Pimiento
Rábano

Romero
Salsa de soja
Salsa de tomate y tomates
  en lata (concentrado,
  tomates triturados…)
Soja
Vainilla (en vaina o en
  polvo sin azúcar)

Tolerados

Aceite acalórico
  de Ordesa
Aceite de parafina
Cubitos de caldo
Fécula de maíz
Harissa
Mayonesa Dukan
Mostaza
Nata *light*
Sal
Sésamo
Vinagre
Vinagreta Dukan

Prohibidos

Aceitunas
Azúcar
Cacahuete
Chocolate
Frutos secos
Ketchup
Mantequilla
Mayonesa

Receta de la torta de avena

INGREDIENTES

- 1 cucharada de salvado de trigo
- 2 cucharadas soperas de salvado de avena
- 1 huevo entero o sólo la clara
- 1 cucharada de queso blanco tipo Burgos

Mezcle el salvado de trigo, el salvado de avena, la clara de huevo o el huevo entero según el apetito y la supervisión de su colesterol y el queso blanco desnatado. Mezcle el conjunto, después cocine la *crêpe* en una sartén antiadherente, sin materia grasa. Si se pega a la sartén, puede, como último recurso, pasar por el revestimiento una gota de aceite ayudándose de papel de cocina.

El desayuno

¿Qué comer en el desayuno durante la fase 1?

Puede elegir libremente de esta lista y preparar un desayuno a su gusto.

BEBIDAS	CRÊPES
Café	Torta de salvado de avena (máximo 2 cucharadas de salvado de avena)
Leche desnatada	
Té, tisanas	CARNES Y HUEVOS
Ricoré	Carne de cecina
LÁCTEOS	Jamón de York sin grasa ni corteza
Queso fresco batido 0%	Loncha de jamón de pollo sin grasa
Requesón desnatado	Tortilla
Queso blanco tipo Burgos	Huevos revueltos, al plato, pasados por agua (con tiras de la pechuga del pollo)
Yogur desnatado o con sabores al aspartamo	

Si no puede comer nada por la mañana al despertar

No se salte por nada ninguna comida: tome una bebida caliente, espere una hora y después desayune.

¿Cómo prescindir del pan?

Seguro que ha entendido que el desayuno se limita a la lista de los alimentos autorizados. Por eso no verá en los menús bollería ni pan. Pero encontrará abundante comida para saciarse sin ningún problema, porque podrá consumir tantos lácteos desnatados como desee, endulzados con aspartamo, un huevo duro o incluso una loncha de jamón de pollo. Tendrá la sensación de un desayuno muy completo, ¡casi como si se tratara de estar tomando un *brunch* a la inglesa todas las mañanas!

Este menú será además más equilibrado y dinamizador que un desayuno tradicional compuesto de bollería o de cereales de chocolate...

La torta de salvado de avena

Para algunos pacientes míos, la mañana es el momento del día en el que más les cuesta prescindir del sabor del pan. Otros se quejan además de estreñimiento. Para atenuar estas molestias, y para los incondicionales de los cereales, los estreñidos y los hambrientos, he preparado una receta de torta que puede integrarse en el régimen de las proteínas.

Todo empezó cuando mi hija quiso seguir mi dieta. Se moría de hambre toda la mañana y le costaba trabajo aguantar hasta la comida del mediodía. Me preguntó qué podía tomar por la mañana para «llenar» más. Revolví en los armarios e improvisé una torta de salvado de avena con avena que había traído de Estados Unidos. La encontró muy buena y nutritiva. Perfeccioné la receta y sistematicé el uso del salvado de avena en mi método. Esta torta está repleta de fibras solubles. Numerosos trabajos recientes han demostrado que estas fibras solubles, al impregnarse de agua, forman un gel en el interior del tubo digestivo. Los nutrientes quedan atrapados en él y algunas calorías son arrastradas junto con este gel en los excrementos.

Pero cuidado, sólo se autoriza el uso del salvado de trigo o de avena una vez al día. Consumido más veces por día, esta torta frena los efectos del régimen de proteínas.

Aproveche el efecto "quema-grasa" de la mañana

Cuando el organismo no está alimentado, busca en las células grasas para obtener energía. Así sucede por la mañana, cuando se está en ayunas. Este proceso se denomina lipolisis, y se pone en marcha particularmente por la noche, cuando se agotan las reservas de azúcar. Se detiene al aportarse energía con el desayuno. Dos ideas para aprovechar más esta fase "quema-grasa" natural:

• Si no siente demasiada fatiga, haga ejercicio al despertar (porque el organismo ataca directamente la piel de naranja) antes de tomar el desayuno.

• Desayune respetando al pie de la letra las consignas de la fase 1: una bebida caliente y proteínas, que no detendrán el proceso y le permitirán aprovecharlo a lo largo de todo el día.

El almuerzo

¿Qué comer en el almuerzo durante la fase 1?

Puede elaborar entrantes, platos y postre a partir de los 72 alimentos con proteínas presentados en la p. 38. ¡Coma tanto como quiera! También encontrará ideas para menús de una semana en la p. 48. Recuerde beber abundantemente durante la comida. Puede acompañar la comida con té verde, agua con gas… los refrescos edulcorados están también autorizados. Piense en las especias y las hierbas para variar su alimentación y cuide la presentación, los alimentos siempre apetecen más con buen aspecto. Para sazonar carnes y huevos, consulte las pp. 36-37. Si no tiene tiempo para preparar una salsa, puede añadir sin ningún problema vinagre, pimienta, especias o aspartamo.

Cuidado con las trampas habituales que pueden frenar la dieta y causar retención de agua. Limite la sal y la mostaza.

BEBIDAS

Agua con o sin gas

Té verde

Refrescos *Light* o zero

ENTRANTES

Huevos duros

Surimi

Charcutería magra
cecina, jamón de York sin grasa

Pechuga de pollo

Caballa al vino blanco

Salmón ahumado

Camarones

Cangrejo…

PLATOS

Pollo asado

Rosbif

Steak tártaro

Asado de ternera

Filete de caballo

Conejo

Hígado de ternera

Pescado al vapor

Tortilla

Huevos revueltos…

POSTRES

Queso fresco batido 0%

Requesón desnatado

Queso blanco tipo Burgos

Yogur desnatado o con sabores al aspartamo

Torta de salvado de avena
(si no se ha tomado en el desayuno)

Postres a base de huevos (islas flotantes,
natillas con vainilla, etc.)…

Conserve la estructura de las comidas

Es importante conservar un ritmo en las comidas, porque al cabo de unos días, terminará por sentir frustración. Sentarse a una mesa, frente a un plato caliente, es a la vez un momento distendido y reconfortante. Es cierto que, por ahora, la comida consiste exclusivamente en alimentos con proteínas, pero descubrirá que es posible preparar menús sabrosos únicamente con proteínas.

En los menús que elaborará según sus preferencias, trate de diferenciar un entrante, un plato principal y un postre.

No dude en adaptar las comidas a su apetito. Por ejemplo, si no dispone de tiempo, o si no tiene demasiada hambre por la mañana, es posible degustar la torta de salvado de avena al mediodía en forma de postre.

¿Puedo tomar un tentempié?

En la medida en que pueda consumir los alimentos indicados en la lista de productos autorizados, puede concederse un tentempié, desde luego, cuando sienta hambre.

He aquí algunas ideas para un tentempié fácil de llevar:

• bastoncitos de surimi;

• huevos duros;

• yogur 0 %;

• cecina;

• lonchas de jamón de pavo o de pollo sin corteza ni grasa;

• té, café sin azúcar o edulcorado.

Cuídese

No cene demasiado tarde a fin de dar a su organismo tiempo suficiente para digerir, eso favorecerá el sueño. Agasájese, incluso si va a cenar a solas, y ponga la mesa para su festín. Una bandeja bonita o un mantel bonito, debe crearse la impresión de cenar como de costumbre. ¡Siéntese a gusto! Tómese su tiempo para comer: después de 20 minutos de degustación, desaparece la sensación de hambre. Si cena demasiado deprisa, se levantará de la mesa con hambre.

La cena

¿Qué comer en la cena durante la fase 1?

Más que cualquier otra comida, la cena (sobre todo si empieza el régimen en invierno) debe consistir en un plato caliente: le saciará, y tendrá la sensación de haber tomado una verdadera comida. Puede tomar los mismos alimentos que en el almuerzo y debe estructurar la comida del mismo modo: entrante, plato y postre. Para cerrar la comida con algo dulce, puede prepararse una tisana o una achicoria, que le aportarán el agua que necesita para el régimen y le llenarán.

BEBIDAS	Asado de ternera
Agua con o sin gas	Bistec de caballo
Tisana	Conejo
Achicoria	Hígado de ternera
ENTRANTES	Pescado al vapor
Huevos duros	Tortilla
Surimi	Huevos revueltos
Charcutería magra: cecina, jamón de york sin grasa	Suflé de pollo...
Pechuga de pollo	**POSTRES**
Caballa al vino blanco	Queso fresco batido 0%
Salmón ahumado	Requesón desnatado
Camarones	Queso de Burgos
Cangrejo...	Yogur desnatado o con sabores al aspartamo
PLATOS	Torta de salvado de avena (si no la ha tomado en el desayuno ni en el almuerzo)
Pollo asado	
Steak tártaro	Postres a base de huevo (islas flotantes, natillas con vainilla, flan, etc.)...
Rosbif	

¡No se atiborre!

La hora de la cena es a menudo un momento difícil porque se vuelve a casa con cansancio. ¿Tiene ganas de picotear mientras prepara la cena? Aprenda a conocerse. Si sabe que la hora de cenar es el momento más difícil del día (vuelve del trabajo, tiene que preparar la comida de los niños), he aquí un truco para superar el escollo. Prepare una torta de salvado de avena y vaya mordisqueándola mientras cocina. Ojo, en este caso no puede consumir la torta en otro momento del día.

Sin duda tendrá que compartir mesa con la familia y evitar concienzudamente los alimentos prohibidos mientras observa cómo sus hijos saborean los espaguetis. Para resistir, no dude en concederse un tentempié antes de la comida. No se siente a la mesa con el estómago vacío, es la mejor manera de condenar el régimen al fracaso.

A continuación, trate de preparar para el resto de la familia platos que a usted no le gusten especialmente. ¿No le pirra el arroz? Pues prepárelo, será más fácil resistir. Si el pan y el queso son su pecadillo, no tiente al diablo y ponga en cambio yogures de postre. Por último, integre plenamente elementos de su dieta en los menús de todos: pollo de segundo, sopa, queso fresco 0 %... también tendrá la sensación de cenar en familia, aunque algunos elementos le estén prohibidos.

MENÚS TIPO DE LA FASE 1 (ATAQUE)

	Gambas	Lácteos	Vaso de muesli (véase p. 216)
	LUNES	**MARTES**	**MIÉRCOLES**
Desayuno	> Bebida caliente > Queso fresco batido 0 % > 2 lonchas de pollo sin grasa	> Bebida caliente > Queso blanco tipo Burgos > Tortilla	> Bebida caliente > Requesón desnatado > 2 lonchas de cecina
Comida	> Cecina con dados de queso fresco 0 % MG > *Steak* tártaro > Yogur desnatado	> Camarones con salsa de soja > Bacalao al azafrán > Crema a la vainilla	> Pechuga de pollo > Albóndigas de carne a las hierbas > Copa de muesli
Tentempié	> 1 torta de salvado de avena (ver p. 42)	> Té o café sin azúcar > Gachas de avena (1,5 cucharadas de salvado de avena)	> Huevos duros
Cena	> Gambas y bígaros > Palitos de pollo al vinagre de sidra > Claras de huevo a punto de nieve	> Huevos *marbrés* > Filetes de pollo > Lácteo 0%	> Lonchas de salmón ahumado con dados de queso fresco 0 % MG > Salteado de ternera a la pimienta > Crema a la canela

No olvide, todos los días, 1,5 cucharadas de salvado de avena.

| Revoltillo con huevos de salmón (ver p. 132) | Cecina | Torta de salvado de avena (véase p. 42) | Tortilla a la menta con curry (ver p. 174) |

JUEVES	VIERNES	SÁBADO	DOMINGO
> Bebida caliente > Queso fresco batido 0 % > 2 lonchas de jamón sin grasa	> Bebida caliente > Queso blanco tipo Burgos > Huevos revueltos	> Bebida caliente > Requesón desnatado > 1 torta de salvado de avena (ver p.42)	> Bebida caliente > 1 yogur desnatado > 1 huevo pasado por agua, con tiras de pechuga de pollo
> Revoltillo con huevos de salmón (ver p. 132) > Lubina asada > Natillas a la vainilla	> Mousse de salmón > Tiras de calamar «en persillada» > Islas flotantes con vainilla	> Caviar de atún con dados de queso fresco 0% MG > Filete de pavo con salsa de yogur al curry > Mousse de limón	> Consomé de salmón > Tortilla a la menta con curry (ver p. 174) > *Bavarois* a la vainilla
> Palitos de surimi > 1 torta de salvado de avena (ver p. 42)	> 2 yogures 0% MG con 2 cucharadas de salvado de avena y edulcorante	> Cecina	> Té o café sin azúcar
> Caballa al vino blanco > Hígado de ternera a la plancha con vinagre de Jerez > Queso fresco batido 0 %	> Cecina > Conejo a la mostaza > Queso blanco tipo Burgos	> Bocadito de atún > Parrillada de pescado > Yogur 0% MG	> Saquito de salmón ahumado al queso fresco > Buey con salsa de mostaza > Crema de huevo

Mi régimen
día a día (fase 1)

En familia

Las tentaciones serán múltiples, sobre todo si tiene hijos. Para evitarlas, especialmente en la fase de ataque, puede optar por hacer comer a los niños aparte, y después elaborar una comida, o más sencillamente, plantéese preparar las proteínas aparte (el pollo en un plato, las verduras en otro), y así poder elegir el plato que le conviene sin trastocar el desarrollo normal de la comida. Asegúrese de aumentar la cantidad de carne: conténgase en la medida en que sea necesario, a fin de conservar el mismo ritmo que los demás. Evitará también las preguntas de sus hijos, que tal vez no comprendan por qué su plato está medio vacío. Prepare con antelación menús versátiles que pueda adaptar. Por ejemplo, si a sus hijos les encantan los huevos pasados por agua, preséntelos con pan y tiras de jamón de pavo. Ellos mojarán el pan en el huevo y usted las tiras de jamón.

En el aperitivo

Si el aperitivo se hace en su casa, prepare platillos para picar sin infringir el régimen: gambas pequeñas, bastones de surimi, dados de jamón de pavo. Ponga también agua con gas o Coca-cola *light* para quitarse la sed sin dejarse tentar por los alcoholes y los zumos de frutas. Llénese personalmente el vaso, y no deje que llegue a vaciarse por completo. Así disuade a los invitados demasiado educados que, creyendo que así resultan agradables, ¡le servirían algo de champán o de vino!

Si le invitan, la situación es más delicada, pero no insuperable. Comience llenándose con un tentempié adecuado antes de llegar al domicilio de sus amigos. En la fase de ataque, como las verduras están prohibidas, puede ser que ningún pequeño aperitivo esté autorizado. En este caso, pida un vaso grande de agua con gas y manténgalo asido, lo que le dará una excusa para rechazar los platos que circulen entre los invitados.

En el restaurante

Es una de las situaciones en las que resulta más fácil seguir el régimen de proteínas. Después de un entrante como un huevo en gelatina o una loncha de salmón ahumado o incluso una bandeja de marisco, se puede elegir entre un entrecot de vaca, un solomillo asado, una chuleta de ternera, un pescado o un ave de corral. Mientras se esperan los platos, cuidado con los picoteos prohibidos: los pepinillos no están autorizados en gran cantidad en fase de ataque, la mostaza es demasiado salada… En suma, si siente que el hambre aprieta el estómago a causa de una espera demasiado larga, piense en picar algo antes de ir al restaurante: de surimi, un huevo duro…

La dificultad surge a los postres para el goloso o el amante del queso que sienten la tentación de tomar lo mismo que los demás invitados. La mejor estrategia defensiva es recurrir a un primer café que puede repetirse si se prosigue la conversación. Si no, dese una vuelta hasta el carrito de los yogures naturales o de fruta, que le permitirán cerrar la comida con un postre fresco y untuoso.

¡Varíe y coma mucho!

¡Pruebe y deguste los alimentos indicados en la lista! Durante los primeros días, preferirá los alimentos que ya conoce. Pero este régimen es también una ocasión de descubrir nuevos sabores: vaya a la carnicería o a la pescadería, y no dude en descubrir ciertos pescados olvidados en los carteles de productos congelados y carnes desconocidas en las grandes superficies.

Preguntas - Respuestas

¿Hay que tomar vitaminas en el curso del régimen?

→ Si el régimen es de poca duración, no es necesario tomar vitaminas. En cambio, si se plantea un régimen prolongado, puede asociar una dosis cotidiana de complementos polivitaminados, pero evite las dosis fuertes o los aportes múltiples: su acumulación puede resultar tóxica. Es más útil prepararse una loncha de hígado de ternera dos veces por semana y tomar una cucharada de levadura de cerveza todas las mañanas. Podrá confeccionar buenas ensaladas a base de lechuga, pimiento crudo, tomate, zanahoria y endivia, ya que las verduras estarán autorizadas.

¿Puedo mascar chicle sin azúcar para calmar el hambre?

→ Los chicles pueden resultar muy útiles en el curso del régimen para los que suelen picar entre horas. Considero los chicles un excelente aliado en la lucha contra el sobrepeso. No dude en tomar 4 o 5 inmediatamente después del último bocado de la cena. Eso evitará «abalanzarse» sobre la despensa.

¿Hay que beber durante las comidas?

→ No beber mientras se come implica el riesgo de olvidarse de beber. Además, beber en las comidas aumenta el volumen de contenido gástrico y genera una sensación de hartazgo y saciedad. Por último, el agua diluye los alimentos, ralentiza su absorción y amplía la duración de la saciedad. Así pues, ¡sí, beba durante las comidas!

Me cuesta beber mucho, ¿qué puedo hacer?

→ ¿Le parece excesiva la cantidad de líquido? No se olvide de contabilizar también el café, el té o cualquier otra infusión o tisana que beba. Se dará cuenta de que se llega muy fácilmente al mínimo requerido. Plantéese también utilizar el agua y las bebidas autorizadas como disuasores del hambre, para aumentar la sensación de saciedad.

¿Puedo hacer deporte en la fase de ataque?

→ Todo depende del peso que quiera perder, de su edad y su historia médica.

→ Si tiene que perder mucho peso, es preferible que en la fase de ataque, y también en la fase de crucero, no haga esfuerzos demasiado exigentes con el corazón, la circulación y las articulaciones de las caderas, las rodillas y las vértebras.

→ Si tiene más de 55 años, inicie la gimnasia gradualmente y con una doble atención a los límites de carga o de sobrepeso de partida.

→ En el caso contrario, si no tiene demasiados años ni demasiado peso, todo es posible, pero durante la fase de ataque el adelgazamiento suele ser fulgurante y si se combina con un exceso no habitual de actividad física, puede provocar cansancio y hacer perder la forma, el carburante energético y el mental de la motivación. En todo caso, tiene casi siempre a su disposición una actividad: caminar. A mi entender, es con mucho la mejor actividad entre todas, y la más simple. Natural, fácil, se puede practicar en cualquier sitio, a cualquier hora del día y sin que importe el peso, sin exigencias especiales, ni siquiera en lo que a los tacones se refiere, sin transpirar, sin lesiones, no cuesta nada... y aporta mucho.

Balance de la fase 1

¡Ya está, ha acabado la fase 1! Ha llegado la hora de hacer balance de su figura y de la pérdida de peso.

Ha perdido muy deprisa y mucho...

Como la fase de ataque es fulgurante, se pueden perder fácilmente de 2 a 3 kg en 5 días. Sin embargo, al inicio, una persona obesa perderá kilos más rápidamente que una persona ya delgada que desee pulir ligeramente su figura antes de las vacaciones de verano. Esta pérdida puede llegar a los 5 kg en las personas obesas.

No ha perdido tan deprisa como imaginaba...

En primer lugar, la mayoría de las mujeres experimentan con la regla un periodo de fuerte retención de agua. De ser así, beba un poco menos y tome el mínimo de sal posible. Conseguirá la pérdida esperada al cabo de unos días del inicio de la regla.

Si no tiene relación con la regla, pregúntese si ha seguido el régimen sin desviarse, pero de ser así, su caso es difícil. Puede ser que haya usted seguido muchos regímenes, o que tenga una fuerte tendencia hereditaria al sobrepeso, o que esté en premonopausia con un desarreglo hormonal, o que siga un tratamiento antidepresivo o con cortisona.

Le ha afectado el estreñimiento

De hecho, las proteínas contienen muy pocos residuos, y la ausencia de materias grasas disminuye la lubricación del tubo digestivo. Beba un poco más. Pruebe con agua Hépar y Contrex.

Ha sentido algo de cansancio

¿Cree sentir fatiga a causa del régimen? ¿No la sentía antes de comenzar?

De ser así, resulta bastante raro, pero es posible. Puede deberse a que no come lo suficiente. Recuerde que las cantidades no están limitadas. La carne es la mejor antifatiga natural, sobre todo la carne roja y magra de vacuno (bistec, redondo...).

La fatiga relacionada con la sal y el agua

La sal tiene un efecto sobre la tensión arterial. Si come sin sal, reduce como mínimo un punto la tensión arterial, y si ésta ya era débil —11, por ejemplo—, puede pasar a 10 o hasta a 9, lo cual es poco y cansa.

El exceso de agua (si bebe más de 1,5 litros) tiene el mismo efecto. El agua limpia la sangre y hace bajar la tensión arterial. Lo peor es la asociación de los dos. Trate de no beber demasiado por la tarde a fin de no levantarse muy a menudo a orinar por la noche, el sueño discontinuo cansa.

Si la fatiga persiste, hágase tomar la tensión arterial por su médico y dígale que habitualmente un régimen como el que usted sigue no cansa.

La fase de ataque en resumen...

Puede consumir 72 alimentos ricos en proteínas y nada más. Esta fase abarca entre 1 y 10 días. Concéntrese en los alimentos autorizados y olvídese de todas las demás categorías de alimentos.

Tiene derecho a tantas proteínas como quiera.

Debe beber al menos 1,5 litros de agua al día. No es un consejo, sino una obligación. Beber abundantemente es indispensable para el éxito del régimen.

Las 9 categorías de alimentos autorizados:

- las carnes magras: ternera, buey, salvo el entrecot y la costilla de buey, caballo;
- ciertos menudillos: el hígado y la lengua;
- todos los pescados;
- todos los mariscos;
- las aves de corral sin la piel (excepto pato y ganso);
- jamón de York, jamón de pavo y jamón de pollo;
- los huevos;
- el tofu y el seitán;
- los lácteos desnatados.

Para condimentar, sólo puede utilizar:

- el vinagre;
- los aromas;
- las hierbas;
- las especias;
- las gotas de zumo de limón.

Con moderación, puede poner un poco de sal o mostaza.

El máximo de placer: ninguna restricción a la cantidad.

Para sentirse bien, no limite las cantidades y varíe los menús.

Evite cualquier desvío durante los pocos días del ataque. Para esta fase relámpago y breve que debe sorprender a su organismo, siga escrupulosamente las consignas.

Tiene derecho a 1,5 cucharadas soperas de salvado de avena al día, especialmente en forma de tortas.

Fase 2: **el crucero**

Pase de 72 a 100 alimentos a voluntad hasta obtener el peso deseado.

Los objetivos
de la fase 2

Una pérdida regular

Después de 5 días de fase de ataque, constatará personalmente que la falta de verduras y de hortalizas en su alimentación comienza a hacerse notar. Por eso entrará fácilmente en esta segunda fase, que prevé la alternancia de días de proteínas puras y días de proteínas + verduras.

Una pérdida de peso a largo plazo

En la fase de alternancia, notará sin duda que adelgaza con menos rapidez. Esta ralentización es normal, pues su cuerpo debe adaptarse a esta nueva fase para entrar en el régimen a largo plazo. Tranquilícese: la pérdida de peso relacionada con la eliminación de grasas sigue siendo muy real, y aunque esté camuflada por la vuelta del agua, continúa sin problemas.

En cuanto a la duración de esta fase, todo depende de la cantidad de kilos que desee perder. Durará hasta que haya alcanzado el peso deseado.

Una pérdida de peso más gradual

Si quiere perder más de 20 kg, la experiencia demuestra que la pérdida se estabiliza de media en 1 kg por semana aproximadamente. Claro que en el curso de la fase 1 habrá perdido más. Así pues, en dos meses, incluyendo la fase 1 y la fase 2, puede aspirar a perder los diez primeros kilos. Enseguida veremos cómo la curva se dobla poco a poco, porque el cuerpo crea un mecanismo de defensa en la fase de consolidación. Pero de momento, si respeta las consignas al pie de la letra, lo normal es que no encuentre obstáculos.

El efecto escalón

Mientras que la pérdida de kilos ha sido espectacular hasta ahora, de repente la báscula parece inmovilizada. A partir de la introducción de las verduras, el agua, eliminada artificialmente por una alimentación a base de proteínas, vuelve a su organismo porque las fases de alternancia son por definición menos hidrófugas que las fases de proteínas puras. Por supuesto que, durante los días de proteínas puras, verá con alegría cómo la aguja de la báscula se inclina otra vez a la izquierda, y tendrá la sensación de que el régimen progresa por escalones: estancamiento y caída. Confíe en el método, alcanzará el peso ideal sin problemas.

Las reglas
de la fase 2

La introducción de las verduras después del periodo de ataque aporta frescura y variedad al régimen inicial. Lo hace más fácil y cómodo. En adelante la práctica es empezar la comida con una ensalada bien aliñada, rica en colores y sabores, o, al atardecer y en invierno, con una sopa, después pasar al plato de carne o de pescado hechos a fuego lento con las verduras perfumadas y aromatizadas, y cerrarla con un lácteo, ¡o con dos o tres!

La alternancia proteínas puras y proteínas + verduras

En esta segunda fase de su régimen, alternará periodos de proteínas puras y periodos de proteínas + verduras, hasta obtener el peso deseado. La elección de la alternancia y de su ritmo varía según los casos. Debe tener en cuenta varios factores, entre ellos la edad, el tránsito intestinal, el número de kilos que hay que perder, el grado de actividad física y el gusto por la carne y las verduras. Varía de 1 día proteínas puras/1 día proteínas + verduras a 5 días proteínas puras/5 días proteínas + verduras. Veremos cómo hay que elegir.

Pero con independencia del tipo de alternancia y de su ritmo, se mantiene en vigor la libertad en cuanto a las cantidades, tanto de proteínas como de verduras. La idea «a voluntad» es uno de los fundamentos de mi método. La lista de alimentos autorizados no cambia (ver p. 38).

A voluntad, pero a raya

Cuidado con abusar de este argumento. Frente al hambre, a la tentación, a la insistente seducción del picoteo, la libertad total tiene un sentido y un papel principal, pero no puede ser un simple juego o una manera de entretenerse.

Conozco a pacientes que se acomodan y que picotean sin hambre, como si mascaran chicle. Cuidado con esta tentación, las verduras no son inofensivas, tómalas hasta calmar por completo el hambre, pero no más. Eso no cambia en nada el principio de no limitación

Verduras sí, pero con ciertas condiciones…

Siempre que elija las de la lista, tiene derecho a todas las verduras crudas o cocidas, sin ningún límite de cantidad. Puede tomarlas en cualquier momento, cómo le parezca. No obstante, asegúrese de respetar las consignas de preparación, a fin de no aumentar la aportación de lípidos, que deben mantenerse en niveles mínimos.

cuantitativa que se encuentra en el núcleo del régimen: cualquiera que sea la cantidad ingerida, la pérdida de peso se mantendrá, pero a un ritmo menos sostenido y por ello menos alentador.

Los escollos que hay que evitar

• La inquietud de la desaceleración

Cuando se abre la puerta a las verduras, algunos pacientes que hasta entonces seguían a rajatabla las consignas comienzan a permitirse pequeñas desviaciones ocasionales. Tales extras están a menudo vinculados a la desaceleración natural de la pérdida de peso, extremadamente rápida en la fase de ataque.

Esta desaceleración es normal, se produciría de todos modos, aunque se hubiera continuado con la fase de ataque. Está relacionada con dos causas asociadas: en primer lugar, el cuerpo, sorprendido por la intensidad del ataque, no resiste a la potencia del régimen y deja escapar fácilmente sus primeras grasas de reserva. Estas grasas de superficie son volátiles y se pierden o se adquieren muy deprisa. Por otra parte, el régimen de las proteínas es muy hidrófugo. Es decir, que con las primeras grasas quemadas, se elimina agua bruscamente. ¡Y 1 litro de agua pesa 1 kg! Pasados los primeros días, estos dos factores responsables de la pérdida inmediata se atenúan. Por último, la incorporación de las verduras aporta el tercer elemento de desaceleración. Se entra en otro combate más encarnizado, un cuerpo a cuerpo que hay que aceptar que es más lento.

• El «todo verduras»

En esta fase en que la libertad de elección de los alimentos y las cantidades son un principio básico, no cometa el error algo común de alimentarse sólo de verduras. Sería peligroso privarse de las proteínas. ¿Por qué? Porque se correría el riesgo de no cubrir las necesidades vitales de proteínas que el ser humano no sabe sintetizar y que el cuerpo retendría en la masa muscular, la piel y los cabellos. Cuando se autorizan las verduras, no deben desplazar a las carnes y los pescados, sino combinarse con ellos. Consulte la lista de verduras de la p. 67. Atención: como en la fase de ataque, respete minuciosamente la consigna y considere que todo lo que no está indicado en la lista está por consiguiente prohibido.

¿Qué hacer en caso de interrupción?

Un régimen es un trocito de vida sometido al azar de los obstáculos, de las coincidencias o de las dificultades. Quizás se harte del régimen y pierda la motivación, somos humanos frágiles, y a veces estamos cansados. Quizás ceda a presiones, al estrés, a elecciones, dificultades, somos humanos y estamos sometidos a la necesidad. Quizás viaje, y al partir ya no se encuentre en las condiciones de antes y tenga que interrumpir el régimen. En todos estos casos, debe mantenerse una regla absoluta e inviolable: detenerse sí, pero respetando el protocolo de salida. La peor de las soluciones sería batirse en retirada desordenadamente. Una derrota de tal calibre le haría perder el fruto de sus esfuerzos. Sea cual sea el peso perdido, hay que conservarlo, protegerlo, le corresponde a usted. Pase a la tercera fase, que aún no conoce: la fase de consolidación (ver p. 85), un descansillo necesario entre el régimen y la ausencia de régimen.

El ritmo
de la alternancia

Una alternancia necesaria

El régimen de crucero, que se beneficia del impulso y de la rapidez adquirida provenientes del régimen de ataque de las proteínas puras, tiene a partir de ahora la responsabilidad de llevarle hasta el peso elegido. Ocupará pues la parte más grande del adelgazamiento en sí del plan Protal.

El añadido rítmico de las verduras disminuye el impacto de las proteínas puras. ¡Es deliberado! No se trata de mantener un ritmo demasiado rápido, que resultaría contraproducente porque ocasionaría una resistencia frontal del cuerpo. Las buenas amas de casa saben que pretender exprimir un limón de un tirón es menos eficaz que dejarlo reposar para retomarlo mejor. Los días de proteínas representan una ofensiva, un ataque sorpresa, y la fuerza atacante debe consolidar su posición, reposar, para volver a marchar mejor.
Además, el organismo tiene necesidad, para el tránsito, de la frescura de las verduras, las ensaladas, sus vitaminas y sus fibras.

¿Cómo elegir el tipo de alternancia?

Hay dos ritmos de alternancia principales y dos más raros, para casos poco habituales.

• 5 días de proteínas puras (PP), 5 días de proteínas + verduras (PV)

Es un ritmo fuerte, a menudo demasiado fuerte, que requiere una motivación a toda prueba. Los 5 días sin verduras pueden parecer largos a medida que pasa el tiempo.

• 1 día de proteínas puras (PP), 1 día de proteínas + verduras (PV)

Antes preconizaba sistemáticamente la alternancia 5/5, pero me di cuenta de que el ritmo 1/1 reportaba con frecuencia resultados muy parecidos sin la frustración de los 5 días sin verduras y generaba menos crispación. Por tanto, es la alternancia que recomiendo.

• **2 días de proteínas puras (PP), 5 días de proteínas + verduras (PV)**
Es una alternancia más rara y por tanto ocasional, más adecuada para personas vulnerables, frágiles, de más edad (más de 70 años) y sobre todo con muy poco peso que perder. Se aplica también a quienes desean perder peso lentamente. Es poco frecuente, pero hay casos, y esta alternancia les conviene.

• **2 días de proteínas puras (PP) y un régimen normal durante 5 días**
Una variante de 2/5 es el 2/0, es decir 2 días de proteínas puras por semana y 5 días normales, sin régimen particular, pero sin excesos. Son el régimen y la cadencia que más convienen a las mujeres con celulitis, a menudo muy delgadas de la parte superior del cuerpo, pecho, rostro y que lucen caderas y sobre todo muslos exuberantes. Este régimen permite, sobre todo si se combina con un tratamiento local (mesoterapia), obtener los mejores resultados locales al evitar al máximo la parte superior del cuerpo.
En este caso, conviene procurar que la sesión de cuidados localizados se realice el día de las proteínas para atacar las grasas rebeldes, desprenderlas y quemarlas.

Coma alimentos fríos, adelgazará más deprisa

¿Sabía que, cuando consume comida fría, su cuerpo tiene que calentar los alimentos para llevarlos a la temperatura media a fin de poderlos digerir y, sobre todo, asimilar? Nada entra en la sangre sin ser previamente calentado. Esta operación de calentar tiene un coste calórico, y este coste reduce las calorías aportadas por los alimentos; ¡es matemático!

Comer frío no es siempre fácil, sobre todo en invierno. Pero puede tomar bebidas frías. Cuando bebe 1,5 litros de agua sacada de la nevera, la toma a 4 ºC. Cuando orina esa agua, está a 35 ºC; usted ha elevado en 31ºC la temperatura de esa agua. La ha calentado y ha quemado calorías. No muchas de golpe, pero una gran cantidad al cabo del año.

¿Qué comer
en la fase 2?

En esta fase de crucero, puede tomar 100 alimentos, sin límite de cantidad, de horario ni de mezcla.

Para los días de **proteínas puras (PP)**, consulte la lista de alimentos autorizados en la fase 1 (p. 38).

Para los días de **proteínas + verduras (PV)**, he aquí la lista de verduras que puede comer sin preocupación, crudas o cocidas. Las verduras que aparecen como toleradas están permitidas, pero procure no consumirlas en demasía. No se olvide de integrar proteínas.

Autorizados		Tolerados	Prohibidos
Acelga	Espinacas	Remolacha	Aguacate
Alcachofa	Hinojo	Zanahoria	Arroz
Apio	Judía verde		Garbanzos
Berenjena	Lechuga		Guisantes
Brécol	Milamores		Guisantes secos
Calabacín	Palmitos		Habas
Calabaza	Pepino		Lentejas
Cebolla	Pimiento		Maíz
Col	Puerro		Patatas
Col de Bruselas	Rábano		Salsifíes
Coliflor	Setas		
Endivia	Soja		
Espárragos	Tomate		

¿Cómo preparar
las verduras?

En crudités

Para todas las personas cuyo intestino tolera las verduras crudas, es siempre preferible consumir verduras frescas, y sin cocerlas, para evitar la pérdida de una buena parte de sus vitaminas.

Bajo una apariencia inocente, el aliño constituye uno de los mayores problemas de la dieta de adelgazamiento. En efecto, para mucha gente, los crudités y las ensaladas representan la base misma de una alimentación de régimen, poco calórico y rico en fibras y en vitaminas, lo cual es perfectamente cierto, pero implica olvidar la salsa de acompañamiento que trastoca radicalmente este bonito conjunto de cualidades.

Por todo ello, durante la totalidad de la fase de adelgazamiento, utilice únicamente las salsas cuyos ingredientes se detallan a continuación.

• La vinagreta de parafina y el aceite acalórico de Ordesa

Es la mejor solución sustitutiva, siempre que no haya prejuicios ni diarrea crónica.

El aceite de parafina presenta dos ventajas fundamentales: no contiene ninguna caloría y, como es muy lubrificante, facilita el tránsito intestinal. Al margen de lo que haya podido oír acerca de este aceite, no se preocupe: su uso, incluso prolongado, no plantea ningún problema. El único inconveniente concierne a las dosis, que si son demasiado elevadas, pueden comportar el riesgo de leves pérdidas que manchen la ropa interior.

Para evitar este tipo de inconvenientes y aligerar la consistencia algo más pesada que la del aceite de mesa, prepare la vinagreta con la siguiente mezcla:

- 1 dosis de aceite de parafina;
- 1 dosis de agua con gas;
- 1 dosis de mostaza;
- 1 o 2 dosis de vinagre.

Para elaborar la vinagreta, anteponga el agua de Perrier, que facilita la emulsión de la parafina. Elija también con gran cuidado un vinagre de

---

Cuidado con el aceite

En una ensaladera corriente, con dos buenas lechugas o endivias y 2 cucharadas de aceite, hay 20 kcal de ensalada y 280 kcal de aceite... No cuente con el aceite, porque no se incluye entre los alimentos autorizados. El aceite de oliva no es ninguna excepción. Todo el mundo admite los beneficios de este aceite, que desempeña un importante papel en la protección cardiovascular, pero tiene tantas calorías como los demás aceites del mercado.

calidad, como el vinagre de Jerez, el vinagre balsámico o el vinagre de frambuesa, que se adapta perfectamente a este tipo de salsa. También se puede aliñar la comida con el aceite acalórico de Ordesa.

• **La salsa de yogur o de queso blanco**
Los que no se decidan a usar la parafina pueden preparar una salsa sabrosa y natural con un lácteo desnatado.
Elija un yogur natural clásico, más untuoso que el yogur desnatado y muy poco más calórico.
Añada 1 cucharada de mostaza de Dijon y bata para montar la mezcla como si fuera una mayonesa, hasta que forme una masa. Añada entonces un chorrito de vinagre, sal, pimienta y hierbas.

Los modos de cocción
• **Al vapor**
Las verduras autorizadas pueden cocerse en agua, hervidas o, mejor, al vapor, para que conserven el máximo de vitaminas.

• **Al horno**
También se pueden preparar al horno con el jugo de la carne o el pescado. Algunos ejemplos: lubina con hinojo, dorada al tomate o col rellena de carne de buey.

• **Al papillote**
La cocción al papillote combina todas las ventajas, tanto en cuanto al gusto como al valor nutritivo. El pescado se cocina especialmente bien al papillote: el salmón, por ejemplo, conserva su suavidad sobre un lecho de puerros o de caviar de berenjenas.

• **A la plancha**
Sea en una auténtica placa de plancha o sobre una sartén antiadherente gruesa, es una cocción excepcional que da a las verduras un sabor y una consistencia nuevos. La aconsejo particularmente a todos los que no se sienten demasiado atraídos por las verduras. Pruébelo con sus hijos si se enfadan y no quieren tomar estos elementos esenciales.

¡Acuérdese de las especias!

Trabajos recientes han demostrado la importancia de las sensaciones gustativas, de la cantidad y la variedad de sabores para sentir saciedad. Hoy se sabe, por ejemplo, que ciertas especias de sabores extremos, sobre todo el clavo, el jengibre, el anís estrellado y el cardamomo, facilitan la acumulación de sensaciones intensas y penetrantes que pueden aumentar la capacidad del hipotálamo, centro cerebral responsable de contabilizarlos hasta alcanzar la saciedad. Por eso es de suma importancia utilizar todo lo posible, y mejor al principio de la comida, la totalidad de estas especias e intentar acostumbrarse a ellas si no se es un amante incondicional.

El ejercicio físico
prescrito con receta

¡Atención! En este punto entra en un sector completamente nuevo de mi método. Hasta ahora, aconsejaba encarecidamente la actividad física, pero no la había incluido como parte integrante, absoluta y radical de mi plan. Hoy no tengo ninguna duda en prescribirla a mis pacientes. Es el segundo motor de mi método: la AFPR (actividad física prescrita con receta).

Andar: un medicamento adelgazante

Por eso desde hace un año ya no aconsejo andar, sino que lo prescribo con receta como si fuera un medicamento.

Fase de ataque	20 min/día
Fase de crucero	30 min/día
Fase de consolidación	30 min/día
Fase de estabilización	20 min/día
En caso de estancamiento y para salir de un punto muerto	1 h/día durante 3 días

¿Qué son 20 minutos de andar cuando se piensa en todos los esfuerzos, los consumos, las limitaciones y la motivación necesarios para adelgazar? Por eso cuento con usted.

Andar es la actividad:

• más naturalmente humana. Si ya no somos monos es porque nos enderezamos y nos pusimos a andar;

• más eficaz. Caminando a buen paso se quema más que jugando al tenis, porque sólo se juega físicamente 20 minutos de cada 60 en pista;

• más barata

• que se practica a cualquier hora del día y de la noche;

• que lesiona y estropea menos las articulaciones;

• que hace sudar menos;

• que permite hacer otras cosas al mismo tiempo: telefonear, escuchar música, ver y hasta leer;

• que da menos hambre;

• que los obesos pueden practicar sin riesgos;
• la única que tiene las mejores opciones de mantenerse mucho tiempo si se siente y comprende su extraordinario interés.

Por supuesto que existen otros modos de moverse: los gimnasios, los aparatos de musculación, las bicicletas estáticas, los preparadores deportivos, los deportes de combate, la natación, el *fitness* acuático, la danza moderna o el baile de salón, el tenis, etc. Pero todos estos ejercicios, que son muy útiles, son prótesis de actividad. Interesantes, pero no pueden reclamar aquello que el andar sí tiene derecho a reivindicar: la capacidad de hacer funcionar la totalidad del cuerpo humano. De ahí que sea el mejor medio de reforzar decisivamente el régimen alimenticio.

¡Andando se añade un segundo general al ejército del sobrepeso!

La actividad práctica integrada en el día a día

En realidad se trata de todo lo que tendría necesidad de hacer personallmente si el desarrollo de la tecnología no se lo hubiera impedido. Si tiene un problema de peso, debe tratar de cambiar de actitud respecto al esfuerzo. No lleva la vida que corresponde a su naturaleza, y eso le hace engordar. Hoy en día, nuestro cuerpo sufre porque no puede cumplir el mínimo de actividad necesario para el simple mantenimiento de su función muscular. Esta falta de uso del cuerpo nos impide evacuar el exceso de calorías alimentarias y sólo nos deja la restricción y el régimen para evitar o reducir el peso. Pero lo más grave es que no moverse —lo que nosotros consideramos un progreso— nos priva de una parte de nosotros mismos, de aquello que los griegos llamaban «la humanidad corporal». Nuestro psiquismo, nuestros afectos, nuestro equilibrio psicológico, nuestro sistema hormonal e inmunitario se resienten, y el conjunto de estas carencias se refleja en un sufrimiento inconsciente que tarde o temprano buscará compensación en el alimento.

Aparte de andar, que es el fundamento de nuestra actividad natural, priorizo la actividad práctica del día a día, la que debe ser su «guardia íntima», la que hay que intentar arrancar en parte a los robots economizadores de movimientos.

Cómo se me ocurrió la AFPR

A raíz de dos hechos.

Primero, ver en una agencia de viajes, donde aguardaba mi turno en la ventanilla, a tres empleados sentados en sillas con ruedecitas, de los que dos se desplazaban a grandes bandazos de 2 o 3 m para buscar dossiers o imprimir billetes, y el tercero prefería levantarse y —qué casualidad— era el único delgado.

Segundo, en el tratamiento de un paciente que después se convirtió en amigo. Cuando le conocí pesaba 230 kg. Al llegar a 140 kg decidió dejar de fumar y paró de adelgazar. Yo me disponía a estabilizarlo, pero él deseaba seguir adelgazando. Le prescribí que anduviera 45 minutos al día, como una receta y una condición innegociable. A pesar de sus funciones de director general y su reticencia, lo cumplió. Hoy pesa 100 kg.

• Olvide el ascensor

Una mujer de entre 30 y 40 años que se queja al llegar a mi consulta de haber tenido que subir a pie los cuatro pisos porque el ascensor está averiado es una mujer que ha «perdido su cuerpo».

Cinco escalones ida/vuelta representan el consumo de 1 kcal, 4 pisos dos veces al día son sencillamente 11.400 kcal quemadas en un año, es decir cerca de 2 kg de grasa menos en la báscula.

5 escalones
ida-vuelta
= 1 kcal

• Piense en las pequeñas tareas cotidianas

> Pase el aspirador sin tratar de ahorrar esfuerzos. Haga como en un gimnasio al accionar aparatos de pago.

> Haga las compras a pie y siéntase orgulloso de ello.

> Saque a pasear al perro.

> Haga la cama, pero bien. No doble la espalda por la zona lumbar, sino por las rodillas.

> No tema llevar todo tipo de objetos o de paquetes.

> Para recoger algo del suelo, ¡no doble la espalda, doble las rodillas!

> ¡Practique la jardinería! Es un medio formidable de quemar calorías.

El rey de los ejercicios

Este ejercicio que hace trabajar los muslos, los hombros y los dorsales se hace en la cama una vez al entrar y otra al salir.

• Coloque en la cabecera de la cama una almohada larga contra la pared y un cojín inclinado sobre la almohada a fin de crear un plano inclinado de 45°.

• Tiéndase semisentado de modo que su pecho tenga la misma inclinación que el cojín. Doble las rodillas hasta cerca de 90°.

• Enderécese desde la posición inclinada a la vertical y vuelva a descender hasta tocar con la espalda el cojín. Repita este movimiento sucesivamente entre 10 y 30 veces.

• Cuando sienta fatiga en los abdominales, modifique el movimiento. Levante el pecho impulsándose sólo con el brazo. La ventaja consiste en dejar reposar el vientre en beneficio de los brazos, lo que le permite continuar con este movimiento simple y rápido sin fatigarse. Y cuando los bíceps empiecen a calentarse, puede retomar los abdominales.

• Comience por realizar sesiones de 15 mañana/15 tarde. El objetivo, muy fácil de alcanzar, es realizar en cuestión de días o semanas 200 movimientos por la mañana y 200 por la tarde, en una sesión que sólo dura unos minutos.

¿Por qué este movimiento es «el rey»?

Porque pone en movimiento la cintura abdominal, que se relaja naturalmente con la edad tanto en el hombre como en la mujer. Pone en tensión los músculos de los brazos, primeros indicadores del reblandecimiento cutáneo. Hace trabajar los muslos, los hombros y los dorsales. Y se practica en la cama.

Por eso, si sólo tuviera que hacer un movimiento, debería ser éste.

¡Que llegue el invierno!

Caminando a una temperatura próxima a 0 ºC se consume un 25 % de calorías suplementarias. Salga con el abrigo necesario, pero sin excederse. Sólo para no pasar frío y evitar catarros.

MENÚS TIPO DE LA FASE 2 (CRUCERO)

	Saquito de mejillones con salmón ahumado (ver p. 138)	Milhojas de pepino y salmón (ver p. 140)	Crema de tofu y chocolate (ver p. 222)
	LUNES	**MARTES**	**MIÉRCOLES**
Desayuno	> Bebida caliente > Queso Burgos > 1 torta de salvado de avena (ver p. 42)	> Bebida caliente > Huevos revueltos > Cecina	> Bebida caliente > Flan casero *light* > Jamón de York sin grasa ni corteza
Comida	> Saquitos de salmón ahumado rellenos de mejillones (ver p. 138) > Redondo de ternera al limón > Mousse espumoso de pistacho (ver p. 220)	> Milhojas de pepino y salmón (ver p. 140) > Berberechos mediterráneos (ver p. 180) > Compota de ruibarbo (ver p. 224)	> Cazuelita de gambas con salsa de vainilla (ver p. 134) > Medallones de lenguado con salmón (ver p. 182) > Té bergamota con leche desnatada
Tentempié	> Flan casero *light*	> 1 torta de salvado de avena	> Queso fresco 0% MG + 2 cucharadas de salvado de avena
Cena	> Mousse de vieiras > Filetes de pollo a las hierbas de Provenza > Requesón desnatado	> Gambas con salsa al curry y tomates cherry (ver p. 142) > Guiso de ternera anisado con hinojo (ver p. 188) > Yogur natural 0% MG	> Quiche con tofu ahumado > Gambas a la plancha a la vainilla > Crema tofuchoc (ver p. 222)
	→ PP	→ PV	→ PP

Alternancia 1 PP (proteínas puras)/1 PV (proteínas + verduras) + 2 cucharadas de salvado de avena al día.

Conejo a la mostaza y endivias a la brasa (ver p. 186)

Suflé helado de chocolate (ver p. 218)

Lomo de buey con pimientos (ver p. 204)

Vieiras a la plancha con espuma de vainilla (ver p. 136)

JUEVES	VIERNES	SÁBADO	DOMINGO
> Bebida caliente > 1 torta de salvado de avena (ver p. 42) > Queso fresco batido 0 %	> Bebida caliente > Tortilla > Lonchas de jamón de pavo sin grasa	> Bebida caliente > Queso fresco batido 0 % > Lonchas de pollo sin grasa	> Bebida caliente > Requesón desnatado > Lonchas de jamón de York
> Corona de verduras asadas (ver p. 152) > Conejo a la mostaza y endivias a la brasa (ver p. 186) > Gratén de compota de ruibarbo	> Gratén de bacalao con rebozuelos (ver p. 178) > Asado de ternera con salsa de mostaza al curry > Suflé helado de chocolate (ver p. 218)	> Volovanes de pepino con huevas de lumpo (ver p. 150) > Lomo de buey con pimientos (ver p. 204) > Tarta Tropézienne (ver p. 266)	> Vieiras a la plancha con espuma de vainilla (ver p. 136) > Pollo aromatizado a las finas hierbas > Mousse de café a la almendra
> Palitos de surimi	> Pan de especias (ver p. 228)	> Requesón desnatado	> Yogur desnatado
> Dúo ligero salmón-brécol (ver p. 148) > Mejillones a la oriental (ver p. 186) > Crema de requesón (ver p. 230)	> Mejillones al vapor > Filetes de lenguado al estragón > Yogur desnatado	> Vasito de jamón y salsa de tomate (ver p. 158) > Tartaleta de zanahoria (ver p. 190) > Mousse de pulpa de limón (ver p 232)	> Rollitos de queso fresco y jamón > Sardinas al horno > Minibrazos de gitano al Grand Marnier (ver p. 234)
→ PV	→ PP	→ PV	→ PP

Mi régimen
día a día (fase 2)

La fase 2 de crucero es más fácil de guardar en sociedad, porque los alimentos que se pueden consumir son más numerosos, pero es también más compleja, porque las tentaciones son también más grandes y los patinazos más fáciles.

En familia

Si tiene hijos, prepare los cereales o los alimentos feculentos aparte: pasta, arroz o patatas. Cocine las verduras al vapor y conserve una parte para usted. Después puede volver a poner en la sartén el resto de las verduras para los más golosos. Si no hay bastante tiempo, he aquí un pequeño y sencillo truco para no preparar diez platos distintos: presente las verduras al vapor en la mesa para todos y ofrezca aceite virgen (muy rico en omega 3/6/9) como aliño. Los niños se vuelven locos con el brécol rociado con un chorrito de aceite de avellana virgen o los tirabeques condimentados con aceite de nuez. Usted tome las verduras sin aceite, y poniendo a la mesa sus especias preferidas para que las verduras estén a su gusto.

En el aperitivo

Si tiene invitados, puede elegir más que en la fase 1: llene el bol de verduras para picar y de tomates cherry. Así podrá picotear sin peligro. Entre el surimi, las lonchas de jamón York y las verduras, tiene mucho donde elegir. Aquí el peligro puede radicar en la salsa, sobre todo si es usted el invitado. ¿Las verduras ya están condimentadas? Pues ni caso. Evite desde luego mojar los trocitos de verdura en las salsas que le ofrecen si éstas van aparte. Por último, si le ha invitado un fanático de las empanadillas, los hojaldres y demás bocaditos, no se olvide de llenar el estómago antes de salir con un huevo duro o bastoncitos de surimi, y opte por la táctica del vaso en mano: llénelo de agua con gas y manténgalo lleno para que no le sirvan contra su voluntad una copa de champán. El tener las manos ocupadas alejará a los que sirven bocaditos…

En el restaurante

Puede elegir de la carta carne, pescado y verduras. Pregunte siempre al camarero: ¿Cómo son las judías? Si están condimentadas, opte por la ensalada verde y pida la salsa aparte. Puede tener la previsión de llevar en el bolso un poco de salsa vinagreta de parafina para aliñar personalmente su plato. Si no, puede mezclar trozos de carne con la ensalada para que ésta no le parezca demasiado insípida.

Si tardan en traer los platos, puede picotear, mientras espera, algunos pepinillos, considerados verduras. Aleje la cesta del pan (prohibido). Si le gusta la mostaza, puede ponerse un poco en el borde del plato: su acidez puede ayudarle en la espera y a cortar el apetito.

Preguntas - Respuestas

En la fase de crucero, ¿se pueden tomar yogures 0 % pero con frutas?

→ Los yogures naturales 0 % están autorizados sin límite. Los yogures 0 % llamados "con sabores" también se permiten "a voluntad". En cuanto a los 0 % con trocitos de frutas o de compota, la respuesta es "permitido pero como máximo 2 yogures con frutas al día". Esta tolerancia es válida cuando el peso baja según las expectativas. En caso de ir despacio, no supere uno de estos yogures al día. Si se estanca, déjelos por completo.

¿Se pueden tomar zanahorias y remolachas a diario?

→ Se dice que las zanahorias y las remolachas contienen azúcar, y es cierto. Sin embargo, no contienen tanto como se cree. No obstante, son azúcares de penetración rápida, especialmente las zanahorias cuando están cocidas.

→ Evite estas dos verduras si siente la tentación de consumir demasiadas o demasiado a menudo o si sólo puede tomar las zanahorias ralladas bañándolas en la vinagreta de platos precocinados.

En la fase de crucero, ¿se puede tomar mostaza? De ser así, ¿en qué cantidad?

→ La mostaza de Dijon fuerte o normal, sin límite alguno. La mostaza a la antigua se presta bien a combinarla en la vinagreta balsámica.

→ En cambio, evite la Savora, que contiene demasiado azúcar. Si tiene tendencia a retener agua, no abuse de la mostaza: contiene sal.

He recuperado las verduras y la pérdida de peso ha disminuido; ¿voy a volver a engordar?

→ Es normal que se ralentice la pérdida de peso, pero tranquilícese, no va a volver a engordar. En la fase 1, las proteínas puras favorecen una pérdida rápida de grasa y de agua. Este régimen es hidrófugo: las proteínas expulsan el agua. Cuando se añaden las verduras, se añaden agua y sales minerales y el régimen se vuelve mucho menos hidrófugo. Seguirá adelgazando, pero más lentamente, porque el agua que expulsó vuelve un poco, lo que tiende a camuflar la pérdida de grasa. En la báscula, tendrá la sensación de estancarse.

→ Pero la alternancia permite que el régimen se mantenga muy eficaz: desde que se retoman las proteínas puras, la pérdida de peso se manifiesta de nuevo. Sobre todo, no se desanime al ver que la báscula se bloquea, porque todo desvío alimenticio desequilibra el sistema al aportarle verdaderos motivos para estancarse.

Balance de la fase 2

Se pierde peso por descansillos

En el curso de la fase 2, su organismo irá a velocidad de crucero: se adelgazará menos deprisa que en la fase 1, pero, rellano a rellano, perderá el peso deseado. En el curso de los 2 primeros meses, perderá poco a poco los primeros 8 o 10 kilos. Los descansillos que constatará están vinculados a la reintegración de las verduras y a la cantidad de agua que éstas aportan. Ante todo, no hay que desanimarse por la disminución del adelgazamiento, porque es normal. Si se encuentra en el periodo de la menopausia, al final del ciclo menstrual, o si ya ha probado varios regímenes antes de éste, puede ser que su organismo sea más resistente. No se dé por vencido, será él el que termine por ceder. Y andar es el mejor modo de forzar el paso (1 h/d x 3 días).

Y si sintiera flaquear la motivación...

Después de la euforia de la fase 1, en la que perdió una gran cantidad de kilos y a una velocidad sin precedentes, verá que la fase 2 es más lenta. Esta impresión es peligrosa. Por consiguiente, hay que decirse y repetirse: siguiendo las consignas al pie de la letra, se obtiene un adelgazamiento duradero y estable a largo plazo.

Y el tiempo no es su enemigo, porque no hay que olvidar que el objetivo es aprender, desde que se alcanza el peso ideal, a mantenerlo en el tiempo.

Para tener éxito en esta etapa, concéntrese en las consignas más que en la báscula. Vuelva a copiar la lista de verduras autorizadas, haga las compras con antelación para que no le falte de nada, prepare las salsas adaptadas a fin de evitar que calorías solapadas entren poco a poco en sus menús. Mantenga la objetividad y anote minuciosamente lo que ha consumido a lo largo del día, su vigilancia será provechosa. Dígase que, cuanto más se amplíe la lista de alimentos autorizados, mayores serán las tentaciones y el riesgo de que su dieta se precipite en el fracaso. Tenga pues aún más cuidado que en la fase 1.

Se ha desviado

¿Y qué? Aunque haya perdido un día, si añade media hora de andar a la jornada o pasa a las proteínas puras al día siguiente, todo vuelve al orden. No hay que darle más vueltas y, sobre todo, no culpabilizarse.

Ha abandonado... nada está perdido

Respire hondo y reemprenda el camino en mi compañía. No es cuestión de dejarle al borde del camino. Si ha abandonado es que hay algún motivo. Habitualmente se trata de alguna dificultad, un gran estrés, una leve depresión, una pérdida de motivación. Lo único que cuenta es no batirse en retirada y derrotados, de modo que se pierda el beneficio adquirido, el fruto de sus esfuerzos. Depende de usted, que es quien debe protegerlo. Si de veras tiene que dejarlo, tome la buena salida, pase inmediatamente a la fase 3 de consolidación respetando la consigna de 10 días de duración por kilo perdido. Después pase a estabilización. Y cuando vuelva la motivación, se enorgullecerá de no haberse venido abajo y estará a punto para ponerse nuevamente en marcha hasta el objetivo marcado.

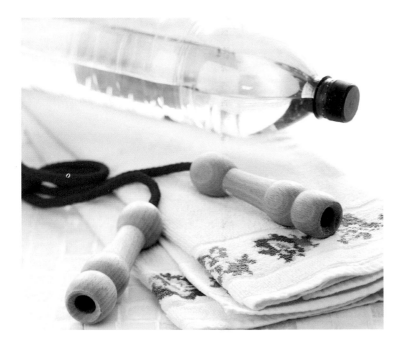

La fase de crucero en resumen

Se conservan en el menú
las proteínas autorizadas
en la lista de la fase 1 (ver p. 38),
siempre a voluntad.

Y se añaden al menú
todas las hortalizas.
Tomates, pepinos, rábanos, espinacas,
espárragos, puerros, judías verdes, coles,
champiñones, apio, hinojo, todas las lechugas
y endivias, acelgas, berenjenas, calabacines,
pimientos y hasta zanahorias y remolachas,
a condición de que no se consuman en todas
las comidas.

Como en las proteínas,
las verduras se consumen
a voluntad,
sin límite de cantidad.

Vigile con las salsas
de ensalada, los aceites
están prohibidos.

Hay que andar 30 minutos
diarios y hacer el rey de los ejercicios.
Si se estanca, ande 60 minutos
al día durante 3 días.

La alternancia

En fase de crucero, alterne
periodo de proteínas con verduras
y periodo de proteínas sin verduras
hasta obtener el peso marcado.

Elegirá un ritmo
de alternancia y lo mantendrá.

Un día de proteínas puras, un día
de proteínas-verduras, o 5 días/5 días.
Si no tiene que perder mucho peso, puede
optar por la alternancia 2 días/5 días, o 2 días
de proteínas puras y 5 días de régimen normal.

Puede consumir
2 cucharadas
de salvado de avena al día.

Fase 3 :
la consolidación

Una vez alcanzado el peso ideal,
pase a la fase de consolidación,
transición ineludible entre el régimen
y el no-régimen.

Los objetivos
de la fase 3

Una consolidación de 10 días por kilo perdido

Se afianzará el peso obtenido si se mantiene 10 días en fase de consolidación por kilo perdido. Dicho de otro modo, si ha perdido 5 kg, deberá seguir esta fase durante 50 días; si ha perdido 30 kg, 300 días. Pero no se alarme, aunque la consolidación sea un periodo delicado, podrá consumir otra vez alimentos que hasta ahora estaban prohibidos. Los menús serán más variados, y no nos olvidaremos del placer.

Un objetivo de peso «asequible y que se pueda conservar»

Para determinar su peso ideal, necesita la opinión de un especialista a partir de todos los parámetros que intervienen en la elección de este peso capital que hay que fijar.

Hay que integrar el peso máximo en la báscula, el peso mínimo, el que usted haya mantenido durante más tiempo y el peso que desee. Hay que integrar también el sexo y la edad, cada década desde los 18 años hace aumentar 1 kg el peso ideal en las mujeres y 1,2 kg en los hombres. Y también la osamenta, que puede aportar o restar 1 kg. Por último, el número de dietas seguidas y la herencia familiar de sobrepeso. Si tiene alguna duda consulte el tema con su médico, quien le ayudará a fijar su peso ideal. También puede usted conectarse con la página www.dietadukan.es, donde contestando a un cuestionario tendrá usted una respuesta calibrada.

Una fase de transición fundamental

Durante las dos primeras fases, de ataque y de crucero, ha adelgazado y su cuerpo se ha esforzado por conservar sus reservas, pero ha perdido la partida.

Durante este periodo de lucha, ha desarrollado una doble reacción que usted debe conocer: provecho + economía.

• **Provecho aumentado:** cuanto más adelgace, más elevará su cuerpo el provecho que obtenga de cada ápice de alimento. En el estadio en el que se encuentra, este provecho se aproxima al 100 %.

• **Economía exagerada:** cuanto más adelgace, más tratará su cuerpo de reducir sus gastos metabólicos, hormonales, digestivos y motrices. Por consiguiente, es esencial no proporcionar a este cuerpo ávido y ahorrador alimentos demasiado ricos, de los que obtendría un provecho extremo.

Una lucha contra el efecto rebote

Afortunadamente para usted, esta actitud de extrema reactividad se atenuará con el tiempo si su cuerpo percibe que empieza a realimentarlo de manera más abierta, variada y energética. Al mismo tiempo, usted es vulnerable. La experiencia me ha permitido analizar la duración de esta vulnerabilidad, y es proporcional al peso perdido.
Tiempo de consolidación: 10 días por kilo perdido. ¡Vaya! Es sencillo. Si ha perdido 5 kg, la consolidación tendrá que durar 50 días. 10 kg, 100 días.

¿Por qué hay un efecto rebote?

Su cuerpo reacciona al saqueo de sus reservas reduciendo progresivamente el consumo de energía y sobre todo intensificando al máximo el rendimiento y la asimilación, es decir, el provecho de cualquier alimento consumido. Así pues, está sentado sobre un volcán y en posesión de un cuerpo que sólo espera el momento propicio para recuperar sus reservas perdidas. Una comida abundante que habría tenido escasos efectos antes de iniciar el régimen estará cargada de consecuencias al final del mismo.

¿Cuánto tiempo dura un efecto rebote?

El efecto rebote se mantiene a lo largo de toda la fase de consolidación, es decir, 10 días por kilo perdido. Las consignas de tiempo demasiado imprecisas en la fase de consolidación y una euforia vinculada a la victoria de los kilos perdidos ponen a menudo en peligro el régimen, si esta consigna de tiempo no se sigue a la perfección.

Las reglas
de la fase 3

Durante toda esta consolidación del peso perdido, mantendrá lo más fielmente posible el régimen siguiente.

Duración: 10 días por kilo perdido

Recuerde que un fracaso de cada dos se produce en los tres primeros meses siguientes a la obtención del peso deseado.

Tenga igualmente en cuenta que esta fase de consolidación le propone una alimentación equilibrada, pero no es en ningún caso un régimen destinado a hacer perder peso. Seguir las consignas de la fase 3 equivale a asegurar que se consolidará el peso alcanzado. No olvide ninguna regla, y menos que ninguna la regla del tiempo: 10 días por kilo perdido, más o menos el tiempo que necesitará su cuerpo para olvidar y despedirse del peso anterior. Durante este periodo, reeducará lentamente su cuerpo y su apetito, le devolverá un poco de libertad, pero sólo un poco: ¡usted se encuentra en libertad vigilada!

Reintroducción de alimentos prohibidos, pero en cantidad muy concreta

Además de los alimentos con proteínas y las verduras de la fase 2, se le autorizarán por fin el pan, la fruta, el queso y ciertos alimentos feculentos. También se tendrá acceso a ciertos platos o alimentos placenteros. Pero cuidado, debe respetar un orden de introducción estricto y una batería de consignas lo bastante precisas para evitar cualquier patinazo.

• 1 porción de fruta al día

En la práctica, toda la fruta, salvo uvas, plátanos, cerezas y frutos secos. La fruta es una alimentación sana, repleta de vitaminas, pero rica esencialmente en azúcares bastante rápidos. Por eso su consumo debe controlarse de momento, y empezaremos con sólo 1 porción diaria durante la primera mitad de la fase de consolidación, ampliable en la segunda mitad a 2 piezas. Por ejemplo, si ha perdido 10 kilos y su fase de consolidación es de 100 días, los 50 primeros tomará una porción de fruta al día y los 50 siguientes podrá ampliar a dos porciones diarias. El consumo de fruta no es insignificante, a menudo se olvida que también contiene azúcares asimilables.

Considere una porción = una unidad: una manzana, una pera, una naranja, un pomelo, un melocotón, una nectarina. Para la fruta pequeña, cuente con una copa: una copa de fresas o de frambuesas. La muy grande (melón, sandía) córtela en dos. La fruta de tamaño mediano hay que contarla a pares: dos albaricoques, dos ciruelas…

• 2 rebanadas de pan entero al día

Tomadas en no importa qué momento del día, en el desayuno, al mediodía en sándwich con carne fría o jamón, o incluso por la noche con una porción de queso.

• 40 g de queso madurado al día

Puede comer quesos de masa cocida, como el Gouda, el Tomme de Savoie, el Comté o el Mahón. Evite en cambio los quesos de masa fermentada como el camembert, el roquefort y el de cabra. Una porción corresponde a 40 g. Para que se haga una idea del tamaño de la pieza que hay que sacar del queso, piense que una pieza de queso en porciones pesa 25 g. Así pues, puede tomar algo menos que dos quesitos. Atención: asegúrese de tomar esta porción de una sola vez, a fin de evitar los tropiezos sobre cantidades y picoteos.

• 1 porción de feculentos a la semana

Ampliable a 2 porciones en la segunda mitad de la fase, como con la fruta.

> La pasta alimenticia

Son el alimento feculento más adecuado al propósito de este momento, porque la pasta se elabora a partir de trigo duro, cuya textura vegetal es muy resistente. Esta resistencia vuelve más lenta la digestión. En la actualidad la hay de harina integral. Además, la pasta es un alimento que gusta a todo el mundo y que pocas veces se relaciona con la idea de «régimen». Es fácil introducirla en los menús. No obstante, desconfíe de los condimentos: la mantequilla, el aceite, la nata o el gruyere doblan el valor calórico del plato de pasta. Tome una porción correcta (220 g de pasta cocida) y elija un condimento ligero: una buena salsa de tomate fresco, con cebolla y hierbas aromáticas.

El cuscús sin añadir materia grasa

Ponga la sémola en un recipiente de barro y añada el agua aromatizada con un cubito de caldo. Cubra la sémola con agua: el nivel de agua debe superarla al menos 1 cm. Deje que el grano se empape y se hinche durante 20 segundos, y después métalo en el microondas 1 minuto. Saque la fuente y remueva con un tenedor para evitar los grumos… Vuelva a pasarlo por el microondas 1 minuto, ¡y listo!

Coma despacio y piense en lo que está comiendo

En esta fase recuperamos alimentos placenteros. ¡Saboreelos! Comer despacio disminuye el apetito: al cabo de 20 minutos uno se siente lleno. Aprenderá también a apreciar todos estos sabores y texturas hasta ahora desconocidos. Acostúmbrese a tomarse su tiempo, especialmente si, antes del régimen, se abalanzaba vorazmente sobre la comida.

> La sémola de cuscús, la polenta, el bulgur, los granos de trigo enteros. Se autorizan en porción de 220 g.

> El arroz integral

Es muy adecuado, siempre en dosis de 220 g. En cuanto al arroz blanco y a las patatas, espere un poco más. Son azúcares un poco demasiado «rápidos» por ahora.

> Las lentejas

Son uno de los azúcares más lentos de la creación, son muy saciantes y extremadamente ricas en hierro. Puede tomar una porción de 220 g. No les añada materias grasas. Las alubias y los garbanzos están permitidos en las mismas proporciones, y sin materias grasas.

• **1 porción de pierna de cordero y de asado de filete de cerdo a la semana**
Evite como la peste la primera rodaja de pierna, que es excesivamente calórica y cuya grasa de superficie, demasiado asada, es cancerígena. En cuanto al asado de cerdo, distinga el cortado en el filete del cortado en el lomo, demasiado graso. Puede seguir consumiendo jamón de York con toda libertad, pero el jamón serrano sigue prohibido.

Una comida de gala a la semana

Una vez por semana podrá comer con toda libertad, sin preocuparse de si los alimentos están autorizados o no. Se trata de una comida por semana, no de un día por semana. Mis pacientes lo confunden a menudo… Una comida de gala consiste en un entrante de libre elección (¿por qué no una rebanada de foie gras?), un plato principal (¿por qué no una fabada?) y un postre (¿por qué no una tarta Tatín?) y un vaso de vino. Pero ¡cuidado! Puede tomarlo todo con una condición explícita: no servirse dos veces el mismo plato. En la segunda mitad de la fase, igual que con la fruta y los feculentos, las comidas de gala pueden pasar a ser dos semanales. Pero nunca pueden realizarse seguidas. Deje como mínimo un día entre las dos para que su organismo tenga tiempo de limpiar el excedente.

Un día de proteínas puras a la semana

Este día de proteínas puras será la garantía de que no recuperará peso. Sólo podrá tomar proteínas de la fase de ataque (ver lista p. 38), sin límite de cantidad. Un pequeño esfuerzo más, pero es la única obligación de esta fase de consolidación. Reserve en la medida de lo posible el jueves como día de proteínas puras.

¿Qué comer
en la fase 3?

¡El abanico de alimentos autorizados se amplía por fin! Reencontrará con placer algunos ingredientes que no había comido desde hacía mucho.

Evidentemente, ahora puede tomar proteínas de la fase 1 (ver lista p. 38), así como a todas las verduras reintroducidas en la fase 2 (ver lista p. 67). Además, puede añadir los siguientes alimentos, respetando la frecuencia y las cantidades anunciadas en las reglas. Podrá tomar los alimentos «prohibidos» en las comidas de gala.

Fruta (1 porción al día en la 1ª mitad de la fase; 2 porciones en la 2ª mitad)

Autorizada	Prohibida
Albaricoque	Almendra
Ciruela	Avellana
Clementina	Cacahuete
Frambuesa	Cereza
Fresa	Nuez
Manzana	Nuez de caoba
Melón	Pistacho
Mora	Uva
Nectarina	
Pera	
Pomelo	
Sandía…	

Pan (2 rebanadas al día)

Autorizado	Prohibido
Pan integral	Baguette
	Pan blanco
	Pan de molde

Queso (1 porción diaria)

Autorizados	Prohibidos
Comté	Brie
Emmental	Cabrales
Gouda	Camembert
Mahón	Roquefort
Queso de bola	Torta del Casar
Quesitos en porciones	
Tetilla gallega	
Tomme de Savoie	
(masas cocidas)	

Feculentos (1 porción al día en la 1ª mitad de la fase; 2 porciones en la 2ª mitad)

Autorizados	Prohibidos
Alubias	Arroz blanco
Bulgur	Patatas chip
Granos de trigo precocidos	Patatas fritas
Guisantes	Patatas salteadas
Garbanzos	
Judías pintas	
Judías verdes secas	
Lentejas	
Pasta	
Polenta	
Sémola de trigo	

Carnes (ver lista p. 38, a la que se añaden)

Autorizados	Prohibidos
Filete de cerdo	Grasa de alrededor del jamón
Jamón York	Jamón crudo
Pierna de cordero	Jamón serrano
	Lomo de cerdo
	Trozo graso de pierna de cordero (extremo)

Administrar bien
las comidas de gala

Dos veces por semana, tendrá la posibilidad de tomar una buena comida, según la entienda usted, con toda libertad. Ojo, no es un «día de gala», sino una comida de gala. En estas dos comidas puede consumir cualquier tipo de alimento, en particular los que le han faltado en las dos primeras fases del régimen.

Organícese

La comida de gala puede ser indistintamente cualquiera de las dos principales del día, si bien mejor la cena para tener tiempo de aprovechar y evitar el estrés profesional ambiente que le impediría disfrutarla. Planifique la semana. Si le invitan, o si invita a amigos el fin de semana, sitúe la comida de gala en estos días de fiesta. No obstante, procure que estas dos comidas no estén demasiado cercanas en el tiempo…

Dos condiciones

Puede tomar de todo, pero:
- no repita;
- no tome nunca dos comidas de gala seguidas.

Intercale sistemáticamente una comida de la fase 3. Si por ejemplo ha elegido el martes al mediodía para la primera comida de gala, no puede tomar la segunda el martes por la noche.

Puede tomar de todo, pues, pero en unidades:
- entrante
- plato principal
- postre o queso
- un vaso de vino

¿Chucrut? ¿Paella? ¿Pastel de chocolate? El menú es libre. Pero hay que tomarlo en unidades.

Ojo con el aperitivo: si ha bebido una copa de champán mientras charlaba, no podrá tomar vino durante la comida.

Sepa «cerrar la puerta» de una comida de gala

Contrariamente a lo que podría pensarse, el riesgo de estos momentos de placer no está en la composición de la comida en sí, sino en la de la comida siguiente. En efecto, con una cena de gala se abre la puerta a la libertad y se invita de nuevo al placer en la mesa. Las dificultades sobrevienen a menudo en la comida siguiente, cuando hay que volver a ceñirse el yugo de una cierta obligación. Lo más sencillo es recordar este comentario, anotarlo en una agenda para el día siguiente a la fiesta, a fin de adaptarse y volver sin problemas a la fase de consolidación.

¡Dése el gusto!

Estos dos menús libres facilitan también un aprendizaje del placer que hay que reeducar. Si, antes del régimen, usted tenía la costumbre de picotear mientras miraba la televisión, o de lanzarse de cabeza sobre un bote de crema para untar, estas dos comidas sirven para iniciarle en una forma muy distinta de placer. Saboree, mastique lentamente, tómese su tiempo y piense en lo que come. El placer y la glotonería son dos formas muy distintas de apreciar los alimentos. Aquí queremos abrir la puerta al placer, no a un modo desordenado de tragar la comida. A largo plazo, comer compulsivamente precipita inevitablemente el régimen en el fracaso.

Dos trucos para no repetir

• En el restaurante, le traen un plato repleto, y usted no pide más... En su casa, haga como en el restaurante. Llene el plato, pero no repita.

• Puede preparar platos individuales, y no llevar la fuente a la mesa.

El jueves
de proteínas puras

Este día consumirá únicamente las proteínas más puras, como si estuviera en la fase 1 de la dieta. La lista de alimentos autorizados es pues la de la fase 1 (ver p. 38).

¿Por qué elegir el jueves?

He elegido el jueves arbitrariamente. Si el jueves no le va nada bien porque debido a su organización profesional consumir proteínas puras puede resultarle difícil, puede elegir otro día, pero cuidado: márquese un día fijo y no contravenga la regla. Si el día de proteínas puras fluctúa, toda la fase de consolidación está en peligro.

¿Y si no he podido respetar el jueves de proteínas?

Quizás le sea imposible seguir el régimen durante una semana concreta, pero cuidado, esto no puede convertirse en un hábito. Recupérelo al día siguiente. Pero sea consciente de que entre aplazar y abandonar no hay más que un paso. Otra solución puede consistir en anticipar el problema: si ve en la agenda un jueves con comida de trabajo o cena con amigos, pase el día de proteínas al miércoles. Así, usted conserva el dominio de la planificación del régimen. Pero una vez más, piense que su organismo adora los hábitos y detesta los imprevistos. Cuanto más regular sea su alimentación a lo largo de la semana, menos riesgo correrá en relación con el famoso efecto rebote del que hemos hablado en la p. 87.

¿Por qué es indispensable este día?

La fase de consolidación es delicada. El efecto rebote puede producirse en cualquier momento, mientras no haya cruzado la frontera que será tanto más lejana cuanto más peso haya perdido. Este día de proteínas actúa como una defensa frente al efecto rebote y le ayuda a estabilizar su peso. Por tanto, no es negociable. Recuerde que este periodo de consolidación es una fase en la que su organismo es muy reactivo. Al menor paso en falso se producirá el rebote. El jueves de proteínas puras es una medida de seguridad.

El jueves es para toda la vida

Más vale resignarse enseguida: como veremos en la fase de estabilización, los jueves de proteínas puras son la única consigna innegociable que deberá conservar para siempre al cerrar este libro y clausurar el régimen. Ha tenido sobrepeso y su cuerpo se acuerda. Digamos que por el momento su organismo está «en libertad vigilada». Más adelante, en fase de estabilización, reencontrará la libertad total, pero no podrá olvidar nunca que su cuerpo, durante un periodo de su vida, ha sido diferente. Estos jueves le permitirán vivir normalmente, no recuperar peso y comer como todo el mundo. Pero más vale que se resigne enseguida, los jueves no desaparecerán, porque acompañan y vigilan sus kilos del pasado…

¡Piense en el pescado!

El pescado es menos calórico que la carne. En efecto, los pescados magros (lenguado, merluza, bacalao fresco, bacalao seco, raya) no alcanzan las 100 kcal/100 g, mientras que la carne de vaca más magra aporta 160 kcal. En cuanto a los pescados más grasos, como el salmón o la caballa, no superan las 200 kcal, mientras que la carne grasa aporta alrededor de 340 kcal y algunas partes del cerdo pueden alcanzar las 480 kcal. Así, el pescado más grande es a menudo aún menos calórico que un bistec de ternera corriente. Por lo tanto, se recomienda especialmente el pescado en los regímenes de adelgazamiento con la condición expresa de evitar la fritura, que aumenta brutalmente su factura calórica.

MENÚS TIPO DE LA FASE 3 (CONSOLIDACIÓN; 2ª MITAD DE LA FASE)

	Lasaña de berenjenas con tofu (ver p. 200)	Soja entre dos fresas (ver p. 248)	Gambas y pollo con salsa de coco y especias (ver p. 212)
	LUNES	**MARTES**	**MIÉRCOLES**
Desayuno	> Bebida caliente > 2 rebanadas de pan integral > Yogur desnatado	> Bebida caliente > Flan casero *light* > Lonchas de jamón sin grasa	> Bebida caliente > 2 rebanadas de pan integral > Queso Burgos
Comida	> Tzatziki > Filete asado de cerdo > Queso	COMIDA DE GALA > Cazuela de conejo > Mejillones con patatas fritas > Fondant de chocolate > Vino	> Gambas con salsa al curry y tomates cherry (ver p. 142) > Tomates rellenos de arroz integral > Queso > Compota con especias (ver p. 244)
Tentempié	> Jamón sin grasa + 1 torta de salvado de avena (ver p. 42)	> 2 rebanadas de pan integral + queso	> 1 yogur al 0% sabor fruta
Cena	> Ensalada de zanahorias a la naranja y el limón > Lasaña de berenjenas con tofu (ver p. 200) > Natillas sabor vainilla-avellana y daditos de fresa (ver p. 238)	> Sopa de pimientos con jengibre (ver p. 164) > Pollo al coco y judías con tofu (ver p. 210) > Soja entre dos fresas (ver p. 248)	> Muselina de dos salmones > Gambas y pollo con salsa de coco y especias (ver p. 212) > 1 manzana

No olvide, todos los días, las 2 cucharadas de salvado de avena.

Revoltillo con huevas de salmón (ver p. 132)

Islas flotantes a la moka (ver p. 252)

Vieiras a la normanda (ver p. 208)

Panacota de vainilla, jarabe balsámico y pequeñas frambuesas (ver p. 246)

JUEVES (PP)	VIERNES	SÁBADO	DOMINGO
> Bebida caliente > Rollitos de lonchas de jamón de pavo sin grasa con queso Burgos	> Bebida caliente > Cecina > Queso fresco 0% MG	> Bebida caliente > Queso fresco 0% MG > Lonchas de pavo sin grasa	> Bebida caliente > 2 rebanadas de pan integral > Queso fresco 0% MG
> Revoltillo con huevas de salmón (ver p. 132) > Estofado de ternera con pimienta > Crema de vainilla	> Quiche de tofu suave, salmón y puerro (ver p. 192) > Endivias con jamón > Tarta de pistacho y albaricoque (ver p. 242)	> Ensalada de tomate > Vieiras a la normanda (ver p. 208) > Manzanas sorpresa a la canela	> Tabulé > Pollo al curry con verduras (ver p. 204) > Panacota de vainilla, jarabe balsámico y frambuesas (ver p. 246)
> Palitos de surimi	> Requesón desnatado	> Gachas con 2 cucharadas soperas de salvado de avena	> 1 torta de salvado de avena (ver p. 42)
> Bocaditos de atún > Pollo guisado > Copa de muesli (ver p. 216)	> Tarta de calabaza (ver p. 170) > Calabacín relleno de pechuga de pollo > 2 rebanadas de pan integral + queso > Islas flotantes a la moka (ver p. 252)	COMIDA DE GALA > Champán > Melón al oporto > Paella > Helado de vainilla y nueces	> Cóctel refrescante (ver p. 160) > Lubina con verduritas > Mousse espumoso de pistacho (ver p. 220)

Mi régimen
día a día (fase 3)

En familia

Por fin puede tomar pasta, lentejas y fruta, con lo que resulta más fácil participar en las comidas familiares. Si ha respetado las cantidades, puede comer igual que todo el mundo, o casi. Sírvase el plato de pasta antes que los demás, a fin de tener la seguridad de no superar las cantidades autorizadas. Por supuesto, no repetirá. Si a los niños les gusta la pasta con salsa de tomate, es muy fácil ofrecer dos salsas aparte, y que cada cual se sirva a su gusto. No dude en poner en la mesa aceite de oliva o mantequilla fresca: así acostumbrará a sus hijos a sabores nuevos e idóneos para su salud. Para usted, ¡prepare las especias!

En el aperitivo

En la fase de consolidación podrá tomar una porción de queso, feculentos y 2 rebanadas de pan, sí. Pero en un aperitivo es imposible deducir lo que se consume: ¿cuánto queso puede comer? ¿Cuántos canapés con rebanada de pan? Resulta inútil tratar de contar lo que sea. Guarde los «extras» autorizados (pan, feculentos, etc.) para los momentos tranquilos. Por ejemplo, decida que podrá tomar pan por la mañana en el desayuno o por la noche con el queso. En el aperitivo, como si estuviera en el restaurante, retorne a la fase 2 de proteínas-verduras. Así no se arriesga a desviarse: permítase los tomates cherry, el surimi, los trocitos de verduras crujientes, el agua con gas y la Coca-cola *light*.

Recuerde que en el aperitivo, mientras ríe y discute con amigos, no puede contabilizar lo que consume. Por eso es peligroso aventurarse en un cálculo complejo: se arriesga a echar a perder la velada y el régimen.

En el restaurante

Para no equivocarse, piense en la fase de proteínas-verduras cuando se encuentre en el restaurante: en efecto, es muy difícil respetar las consignas y concebir nuevos alimentos autorizados mientras se charla con amigos. Prohíbase de entrada el pan, la pasta: el pan es blanco y la pasta no la puede condimentar a su gusto. Si al observar la carta piensa según criterios de proteínas-verduras, no tendrá ninguna dificultad. El salmón ahumado es por ejemplo una llave maestra universal. De acompañamiento, judías verdes y espinacas son inevitables al igual que las ensaladas.

El vino, el pan y el postre no están permitidos, salvo que haya decidido hacer de esta salida al restaurante una comida de gala. Pida el vino en copa. En el restaurante no podrá volver a servirse, lo cual es una ventaja porque se trata de una de las consignas para las comidas de gala. Los demás días, hay que saber decir no y tomar un café como postre. No olvide que puede tomar Coca-cola *light*, pues le ayudará a prescindir del sabor azucarado.

Para un régimen feliz, haga como François Mauriac

Endeble, todo lo contrario de un deportista, François Mauriac había adquirido la costumbre de saltar frente a su espejo de pie. Al principio saltaba haciendo flexiones leves y suaves para entrar en calor y gradualmente saltaba cada vez más alto.

La idea me asombró y la adopté. Comencé a saltar como propugnaba él, cuando estaba alegre, y me di cuenta de que este ejercicio hacía más intensa mi alegría.

Y por último, percibí que la alegría, que es por definición pasajera, se prolongaba en este esfuerzo. Traté entonces de probar este tipo de salto aisladamente, sin relacionarlo con la alegría. Y comprendí que saltar me daba alegría.

Después me creé pequeños momentos de alegría y mantengo la asociación en los dos sentidos.

Preguntas - Respuestas

¿Por qué hay que contar 10 días por kilo perdido?

→ ¿Por qué 10, y no 11 o 9? En la época en que concebí mi primer régimen de ataque, tuve resultados espectaculares pero efímeros. El peso perdido tendía a volver. Entonces introduje nuevos alimentos al tiempo que mantenía la supervisión y el control. Al examinar las estadísticas sobre las recuperaciones de peso, con una estadista, constaté que las fases de consolidación con éxito se situaban siempre en torno a 9,46 días por kilo perdido, y lo redondeé en 10.

¿Por qué reintroducir el pan integral antes que el pan blanco?

→ El pan blanco es un alimento desnaturalizado por su modo de fabricación, amasado con una harina cuyo trigo se ha separado artificialmente de su escorza, el salvado. Es un alimento demasiado fácil de asimilar. De digestión rápida, no aporta toda la riqueza del pan integral.

→ El pan completo o integral contiene una proporción natural de salvado y el germen de trigo se preserva igualmente. El salvado protege del cáncer de intestinos, del exceso de colesterol, de la diabetes, el estreñimiento y, desde nuestra perspectiva actual, también protege la línea: cuando pasa a su intestino delgado, el salvado se aglutina en él, y secuestra una parte de las calorías que se irá con los excrementos, sin aprovecharle... También es de digestión mucho más larga y procura una interesante sensación de saciedad.

¿Puedo comer quesos bajos en calorías?

→ La mayor parte de los quesos bajos en calorías carecen de todo interés gustativo y tendrá la tentación de consumir más. Sin embargo, debe saber que el Tomme de Savoie es un auténtico queso desnatado. En efecto, antes se preparaba a partir de leche semidesnatada. Con el *boom* de los productos bajos en calorías, algunos fabricantes volvieron a la receta original, para nuestra grandísima felicidad. Este queso sorprendente es de veras suculento, blando, consistente en boca. ¡Podrá consumir sin cargo de conciencia hasta 60 g diarios!

¿Cómo dejar de fumar y hacer el régimen al mismo tiempo sin sentir demasiada frustración?

→ Dejar de fumar es de tan suma importancia para la protección de la salud que, cuando se toma la decisión, conviene darle prioridad absoluta. Así, de tener que elegir, hay que privilegiar la deshabituación frente a la pérdida de peso. Si desea hacerlo todo al mismo tiempo, es posible pero infrecuente llevar bien ambas operaciones. El abandono del tabaco debe ser total, y producirse por separado durante 10 días. A partir del undécimo, es posible emprender simultáneamente la cuestión del peso. Para evitar la sobrecarga de ambas frustraciones, hay que servirse de uno de los principales triunfos de la dieta Dukan: la libertad total en las cantidades. Puede comer a voluntad cuando le atenace el deseo de fumar.

¿Mis problemas de tiroides son compatibles con su régimen?

→ La tiroides y los desarreglos tiroidales constituyen un grave problema en la lucha contra el sobrepeso. Al principio hay personas que lo ignoran y que padecen una insuficiencia tiroidal o solamente una tiroides perezosa y que engordan lentamente. Cuando lo descubren, ya han adquirido el peso.

→ También están las personas en las que se ha descubierto efectivamente una carencia tiroidal —se les administra un tratamiento de sustitución con levotiroxina sódica, pero que tiene un efecto demasiado lento— y que siguen acumulando peso.

→ Algunos médicos que carecen de práctica suficiente en este tipo de problemas, desconfían y prefieren espaciar las dosificaciones de verificaciones —TSH—, todo lo cual es tiempo que juega a favor del sobrepeso. Por último, incluso en el caso de personas bien diagnosticadas y tratadas, no hay que olvidar que lo que fabrica la tiroides de las personas que sufren insuficiencia no es idéntico a lo que les proporciona la levotiroxina sódica.

→ Existe la misma diferencia que hay entre el *prêt-à-porter* y lo hecho a medida. Todo esto para mostrarle la complejidad del problema. Si se quiere adelgazar con un tratamiento bien adaptado y que siga la evolución de la función tiroidal, se adelgaza, se lo aseguro. Pero digamos que los tiroideos deben ser un poco más serios que los demás, un poquito más, pero no mucho.

Balance
de la fase 3

No desatienda esta etapa

En las etapas 1 y 2, encontraba todos los días un motivo alentador cierto y constante al comprobar en la báscula que el peso iba a la baja. En la fase de consolidación, el peso no disminuye más, por lo que es fácil dejarse ir y pensar en saltarse esta etapa. Sobre todo, ¡no cierre el libro! ¡No ha andado más que la mitad del camino! Si hace caso omiso de las consignas de esta fase, los kilos volverán con toda seguridad y muy rápidamente. Y tendrá suerte si no gana algunos suplementarios por añadidura.

Manténgase alerta, se juega el éxito del régimen en fase de consolidación

Otra reacción puede consistir en seguir la fase de consolidación, pero de modo laxo: una rebanada de pan adicional por aquí, una fruta de más por allí, tres comidas de gala en vez de dos… Manténgase alerta y sobre todo absolutamente objetivo en relación a lo que consume. Algunas personas que hacen régimen se sorprenden al ver cómo la aguja de la báscula vuelve a subir «cuando ellas habían seguido las consignas»… Si tiene miedo de cometer estos errores, anote en un cuaderno los alimentos autorizados e indique también todo lo que consuma a lo largo del día. Sea honesto consigo mismo, no omita los picoteos si ha sucumbido a un alimento prohibido.

Dígase que se trata de su último régimen

La repetición de regímenes es mala, por dos motivos:

• En primer lugar, su cuerpo se acostumbra a las dietas sucesivas: percibe enseguida que trata de restringirlo y se apresta a gestionar de la mejor manera… ¡sus reservas! Alguien que adelgace y vuelva a engordar varias veces en la vida se vacuna contra el adelgazamiento. Después de cada fracaso, tendrá más dificultades para volver a perder peso. Su cuerpo conserva el recuerdo de los regímenes anteriores. Por tanto, si ha llegado a la fase de consolidación, prosiga el régimen hasta el final, y dígase que se trata del último régimen en el que se embarca.

• Pero eso no es todo. ¿Sabía que durante un régimen las grasas que elimina circulan por su cuerpo? Se pasean por las arterias en forma de colesterol. ¡Cuando pierde 10 o 20 kg es un poco como si hubiera consumido 10 o 20 kg de mantequilla o de manteca de cerdo! Una gran cantidad de colesterol y de triglicéridos circula por su sangre. Las arterias pueden quedar atascadas por estas grasas tóxicas. Por eso adelgazar y volver a engordar, y de nuevo adelgazar y volver a engordar es totalmente nefasto para su salud. El riesgo que supone la circulación de grasas por la sangre queda naturalmente compensado en gran medida por las ventajas que reporta un adelgazamiento. Pero cuidado con las consecuencias para su salud si repite la operación más de dos veces en la vida.

¡Ánimo!

El régimen pasará deprisa. Una silueta seductora dura mucho. Esta página de balance dedicada a la fase 3 es de una importancia especial: su preparación psicológica debe ser perfecta para emprender esta parte del régimen. De ello depende el éxito de su adelgazamiento.

La fase de consolidación en resumen...

10 días por kilo perdido
La duración de la fase de consolidación depende del peso que haya perdido... Esta fase no es opcional. Es obligatoria e innegociable.

Conserve su base de proteínas + verduras a voluntad.

La fase de consolidación se divide, a su vez, en dos fases. En ambas se permite comer:
-Dos rebanadas de pan integral al día.
-40 g de queso al día.

En la primera fase puede comer además una porción de fruta al día (excepto plátano, uva, cereza) y concederse una comida de gala a la semana.

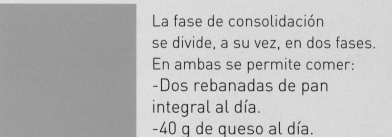

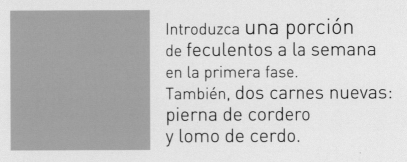

Introduzca **una porción** de feculentos a la semana en la primera fase. También, **dos carnes nuevas:** **pierna de cordero** **y lomo de cerdo.**

En la segunda fase, puede aumentar a dos las porciones de fruta al día, las comidas de gala a la semana y las porciones de feculentos semanales.

Un día a la semana, el jueves, retome las proteínas puras: el día centinela.

Camine todos los días, **beba abundante agua** y consuma hasta dos cucharadas de **salvado de avena.**

Fase 4 :
la estabilización
definitiva

La fase de estabilización: una nueva vida
bajo la protección de 3 medidas simples,
concretas, pero innegociables.

Los objetivos
de la fase 4

El retorno a la libertad

En primer lugar, ¡enhorabuena! Si lee estas páginas es que ha superado con éxito las etapas más delicadas de nuestro régimen. En este
estadio, no sólo ha eliminado la sobrecarga de peso, sino que también
ha pasado sin tropiezos los días difíciles de la consolidación, en los que
su cuerpo le podía jugar una mala pasada. Hoy, el peligro del famoso
rebote está descartado. Podrá comer otra vez espontáneamente, sin
demasiado riesgo de recuperar peso. Se ha sometido a numerosas
consignas, más o menos rigurosas: estas consignas eran para usted un
hito, un faro en la tempestad. Ahora podrá navegar lejos de las costas,
pero a bordo dejamos tres brújulas: tres consignas simples, concretas,
fáciles, pero innegociables.

Estabilización definitiva, consignas a muy largo plazo

En teoría, podrá comer libremente. En la práctica, tengo que introdu-
cir algunos matices y complementos explicativos. Sí, todo le estará
permitido, y en teoría se han acabado las prohibiciones. Pero tendrá
que adoptar tres medidas fundamentales sin las cuales estará en un
plano inclinado… y como habrá peso, acabará por deslizarse hacia
abajo. He aquí las tres medidas a las que tendrá que someterse todas
las semanas durante el tiempo que desee conservar el peso al que
ha llegado con tanto esfuerzo:
• Conservará el jueves de proteínas.
• No irá nunca en ascensor, sino que subirá a pie por las escaleras.
• Tomará todos los días 3 cucharadas soperas de salvado de avena.
Por lo demás, es esencial que recuerde lo que ha aprendido en el viaje.
Ha pasado de las etapas de alimentos vitales a las de alimentos placen-
teros y ahora sabe jerarquizar su alimentación. Conserve este hábito.

Fíese de usted

La gran diferencia entre estabilización y consolidación es su libertad.
Hoy recupera la independencia y el dominio de las operaciones. No

se subestime. Hoy es capaz de ir por su cuenta, porque, en los días tal vez difíciles del régimen, usted y su cuerpo han aprendido mucho: las cuatro etapas de este régimen le han permitido adquirir un conocimiento profundo de su alimentación. En adelante sabrá distinguir lo importante y lo superfluo. Partiendo del régimen de proteínas, ha descubierto el poder de estos alimentos vitales. Después ha seguido su camino añadiendo a esta base verduras esenciales, y por último, en la fase de consolidación, ha completado acertadamente los menús con alimentos importantes (la fruta), alimentos útiles (el pan integral), alimentos agradables y por último alimentos de placer (queso, comidas de gala) y de riesgo (oleaginosos —cacahuetes—, cremas para untar, patatas chip, mayonesa…). Su organismo se ha acostumbrado a comer de un modo distinto; a partir de ahora puede confiar en él y concederle la libertad que merece.

No confunda estabilización y consolidación

Quizás ha pasado las páginas de este libro algo deprisa, y crea que estabilización y consolidación son similares. En este caso, vuelva atrás enseguida, porque su régimen fracasará. En la fase de estabilización, las obligaciones son muy escasas, porque quienes alcanzan esta fase han dejado atrás el riesgo del famoso rebote. En la fase de consolidación, todo está pensado para eliminar el riesgo de recuperar peso; no es así en el periodo de estabilización, cuando este riesgo está ya descartado.

Las 3 reglas que hay que respetar mucho tiempo...

¡Y por qué no siempre!

Un jueves de proteínas todas las semanas

De ahora en adelante es libre de alimentarse normalmente seis días de cada siete, pero esta última consigna definitiva será la única defensa contra su tendencia a volver a engordar. A lo largo de este día, seleccionará las proteínas más puras que le sea posible.. También podrá acceder a las proteínas en polvo (¡pero no cualesquiera!) si eso es una ayuda. Como en la fase de consolidación, esta consigna es desde luego innegociable, tiene que conservar el hábito que ha adquirido a lo largo del régimen. Elija el día y manténgalo. Si lo va desplazando olvidará este día y engordará poco a poco, pero con seguridad.

Un compromiso importante: renuncia al ascensor

Si no practica deporte, no suba en ascensor y evite el uso del coche en trayectos muy cortos: en suma, ¡muévase! Para motivarse, puede equiparse de un podómetro para contar el número de pasos que da cada día, y se dará cuenta de que son muy pocos si lleva una vida sedentaria. Sin convertirse en un deportista de alto nivel, haga funcionar todos los días las piernas.

3 cucharadas soperas de salvado de avena al día

El salvado de avena presenta tres ventajas principales:
• facilita el tránsito y protege el intestino de enfermedades graves;
• se incorpora al bolo alimenticio, con lo que impide que el intestino delgado absorba la totalidad de las calorías que contiene un alimento;
• en su estómago, el salvado de avena adquiere volumen y procura una agradable sensación de saciedad.
La toma cotidiana de salvado de avena es beneficiosa para la salud y para el mantenimiento de su línea reencontrada.

¿**Debo privilegiar** los alimentos bajos en calorías?

Menos materias grasas

Nadie discute hoy la importancia de rebajar las materias grasas, que se ha demostrado claramente que no se compensan con un aumento del consumo.

En la práctica, los alimentos que se han beneficiado más del proceso de aligeramiento son la leche semidesnatada, con la que hoy se alimenta sistemáticamente a bebés y niños, los quesos blancos y los yogures, cuya variante natural, la más vendida, es ya semidesnatada. Los demás productos bajos en calorías interesan más bien a los candidatos al régimen restrictivo y los sujetos con riesgo cardiovascular (mantequilla, quesos, salchichas, charcutería) y la prevención de ciertos cánceres (pecho, colon, próstata, páncreas, ovario), para los que el exceso de grasa parece un factor perjudicial.

Reducción del azúcar

No está tan claro su interés. Parece que el organismo detecta parcialmente los falsos azúcares y lo compensa consumiendo más, y que el gusto del azúcar permanece protegido, es decir estimulado. Se ha demostrado, sin embargo, que la compensación no es nunca total y sobre todo, que se atenúa progresivamente con el hábito, especialmente en el adulto.

El aspartamo, los refrescos *light*, los verdaderos chicles sin azúcar y los flanes son los alimentos que presentan hoy más interés para el obeso y el diabético.

Además de estos casos particulares, los productos bajos en calorías, en su totalidad, se dirigen más bien a las personas que no quieren engordar que a las que tienen que adelgazar; es decir, de hecho a la gran mayoría de la población.

Reducción de materias grasas

CONTENIDO EN MG (KCAL/100 G)

ALIMENTO	NORMAL	LIGHT
Mantequilla	758	450
Margarina	758	450
Mayonesa	710	396
Vinagreta	658	323
Salsa bearnesa	449	413
Emmental	400	216
Paté	332	224
Tomme	324	235
Camembert	283	236
Salchichón	283	225
Lonchas de tocino	280	261
Jamón	169	110
Yogur (entero o 0 %, envase de 125 g)	90	45

Pequeño recordatorio

Recuerde evitar la mostaza en jueves, porque lleva sal. En cambio, puede condimentar sin problemas con vinagre, pimienta y hierbas aromáticas. Recurra a todas las especies de refuerzo para compensar esta reducción.

Limite la aportación de lactosa

En un régimen de estabilización definitiva, que sólo interviene un día por semana, hay que seleccionar con mucho tino los alimentos y limitar la aportación de lactosa. Cuando se compara la composición del yogur desnatado y del queso blanco desnatado, se comprende que para el mismo aporte calórico, el queso blanco proporciona más proteínas y menos lactosa que el yogur.

El jueves de proteínas

Una selección de proteínas muy puras

Los jueves de proteínas son un pequeño recordatorio semanal del periodo «de ataque», con algunos matices. Así pues, tendrá que conservar los hábitos de la fase 1, y elegir proteínas puras. Por ejemplo, en el ámbito de las carnes, se evitarán las de cerdo y cordero, demasiado grasas para clasificarlas como proteínas puras. En la p. 116 encontrará una lista definitiva de los alimentos autorizados para los jueves de proteínas. En efecto, dado que este jueves constituye la única protección frente a una eventual recuperación de peso, es importante elegir las proteínas más puras posible. En el plan del régimen, el pescado graso estaba autorizado, pero aquí se prohibirá para los jueves.

Beba mucho

En la fase de ataque, habíamos recomendado beber al menos 1,5 litros de agua al día. Para estos jueves estabilizadores, aconsejamos reforzar la dosis y pasar a 2 litros al día, para que su organismo pueda eliminar bien.

Limite la sal

Durante todo el periodo de adelgazamiento y consolidación, Protal sólo impone una simple reducción de sal. Para los jueves de la fase de estabilización, la consigna se intensifica y este día de «protección» deberá ser más pobre en sal.

Una restricción tan concreta en un día aislado no es suficiente para hacer bajar la tensión, pero permitirá que el agua ingerida atraviese rápidamente el organismo y lo depure. Esta consigna será particularmente beneficiosa para las mujeres que sufren fuertes influencias hormonales, que causan grandes retenciones de agua en el curso de sus ciclos.

Ocasionalmente, puede tomar proteínas en polvo

Como el plan Protal es completamente natural, las proteínas en polvo estaban hasta ahora prohibidas. Aunque se trate de un modo de alimentación artificial, las proteínas en polvo ofrecen la ventaja de ser particularmente puras. En fase de estabilización, cuando el régimen sólo ocupa un día por semana, se pueden utilizar, sobre todo cuando un desplazamiento o la falta de tiempo nos ponen en peligro de saltarnos el jueves de proteínas. La presentación en polvo tiene la ventaja indiscutible de ser fácil de transportar. Pero no hay que olvidar que se trata de alimentos artificiales. Su organismo no está naturalmente programado para alimentarse de polvos. Ni siquiera con hierbas aromáticas y edulcorantes los polvos son un alimento placentero. Un uso prolongado de estos productos puede precipitarle en crisis de bulimia irreprimibles. Por otro lado, la falta de fibras en estos preparados puede ocasionar gases desagradables. Por consiguiente, este modo de alimentación debe seguir siendo sólo ocasional.

Cuidado, si los adquiere, no confunda los sustitutos de la comida y los polvos con proteínas, lea bien las etiquetas: los polvos que elija deberán contener un 95 % de proteínas.

Algunos trucos

• **Si le gusta la carne de buey**
El jueves, la carne de buey gana si se cuece bastante, lo que no altera la calidad de sus proteínas y elimina más grasas.

• **¡Coma salmón otro día!**
En el régimen de las proteínas puras de la fase 1 se autorizan todos los pescados, de los más magros a los más grasos. Su contenido en materia grasa ya no es aceptable para el jueves de proteínas de la fase de estabilización.

• **¡Piense en el pescado crudo!**
El mero, el rape, la dorada y la merluza se prestan de maravilla a este modo de preparación: marinados unos minutos en limón, en lonchas finas o en cubitos, con sal, pimienta y perfumados a las hierbas de Provenza, componen una comida rápida y deliciosa.

¿Qué comer
los jueves
de proteínas?

El jueves debe ser estrictamente de proteínas. Utilice los alimentos más puros en proteínas. No puede fijarse en la lista del régimen de ataque, porque ciertas proteínas que allí se autorizan ya no están permitidas para los jueves de proteínas… He aquí la lista de proteínas puras permitidas:

Carnes

Autorizadas

Asado de ternera (bien cocido)
Bistec picado 5% de MG
Bistec de buey
Caballo
Conejo
Filete de ternera
Filete de buey
Rosbif

Prohibidas

Aguja de Buey
Cerdo
Cordero
Costilla de ternera
Costilla de buey
Entrecot
Menudillos de caballo

Huevos

Autorizados

Enteros o sólo las claras si ha comido bastante esa semana

Aves de corral

Autorizadas

Alto de muslo de pollo
Codorniz
Paloma
Pavipollo
Pavo
Pechuga de pollo
Pintada

Prohibidas

Ala de pollo
Ganso
Pato
Piel de pollo
Rabadilla de pollo

Lácteos

Autorizados

Queso Burgos
Yogur desnatado

Prohibidos

Lácteos de leche entera
Quesos

Pescados

Autorizados

Atún natural
Bacalao fresco
Dorada
Emperador
Fletán
Fletán ahumado
Gallo
Lenguado
Lubina
Merluza
Mero
Mújol
Pescadilla
Pez espada
Rape
Raya
Rodaballo
Salmonete
Surimi

Prohibidos

Atún en aceite
Caballa a la mostaza
Salmón ahumado
Sardina
Sardina en aceite

Mariscos

Autorizados

Buey de mar
Gambas
Mejillones
Ostras
Vieiras

MENÚS TIPO DE LA FASE 4 (ESTABILIZACIÓN)

Vasito de mousse de dos limones (ver p. 236)

Filetes de salmonete con albahaca (ver p. 206)

Compota con especias (ver p. 244)

	LUNES	MARTES	MIÉRCOLES
Desayuno	> Bebida caliente > Panecillos suecos > Mantequilla > Queso fresco batido 0 %	> Bebida caliente > Huevos revueltos > Jamón York	> Bebida caliente > Tostadas con mantequilla > 1 yogur > Fruta
Comida	> Zanahorias ralladas > Guiso de cerdo con lentejas > Queso > Soja entre dos fresas (ver p. 248)	> Aguacates con cangrejo > Filetes de salmonete con albahaca (ver p. 206) > Copa de helado	> Tabulé > Chucrut de marisco (ver p. 176) > Queso > Piña y natillas heladas (ver p. 240)
Tentempié	> 1 fruta	> Galletas	> 1 fruta
Cena	> Pepino con yogur > Pasta con·calabacín (ver p. 200) > Vasito de mousse de dos limones (ver p. 236)	> Ensalada de milamores > Pizza vegetariana > 1 fruta	> Puerros a la vinagreta > Lasaña > Compota con especias (ver p. 244)

No olvide, todos los dias, las 3 cucharadas de salvado de avena.

Tortilla a la menta con curry (ver p. 174)

Manzanas sorpresa a la canela (ver p. 254)

Pan de especias (ver p. 228)

Tarta de pistacho y albaricoque (ver p. 242)

JUEVES (PP)

> Bebida caliente
> Queso Burgos
> Lonchas de jamón de York sin grasa ni corteza

> Mejillones al vapor
> *Steak* tártaro
> Copa de muesli (ver p. 216)

> Palitos de surimi

> Tortilla a la menta con curry (ver p. 174)
> Lubina a la plancha
> Yogur desnatado

VIERNES

> Bebida caliente
> Cereales con leche
> Fruta

> Ensalada landesa
> Bistec con chalotas
> Patatas al gratén con nata
> Macedonia

> 1 yogur

> Gazpacho
> Pechuga de pollo a la provenzal
> Pisto
> Manzanas sorpresa a la canela (ver p. 254)

SÁBADO

> Bebida caliente
> Tostadas con mantequilla
> Confitura

> Ensalada de tomate con mozzarela
> Carré de cordero
> Judías verdes
> Pan de especias (ver p. 288)

1 torta de salvado de avena (ver p. 42)

> Queso de cabra caliente sobre lecho de rúcula
> Brochetas de pollo al limón
> Calabacín a la plancha
> Tiramisú

DOMINGO

> Bebida caliente
> Zumo de naranja
> Cruasán

> Rábanos
> Pollo con patatas
> Tarta de pistacho y albaricoque (ver p. 242)

> Yogur con frutas

> Sopa de verduras
> Tortilla a las finas hierbas
> 1 yogur
> 1 fruta

Mi jueves
día a día (fase 4)

¿Qué? ¿Todavía de régimen?

Si aún no se había dado cuenta, tendría que percatarse ahora: basta con que alguien empiece un régimen para que el entorno le proponga incesantemente pequeñas excepciones, con la excusa habitual: «¡Venga, date el gusto!» La alimentación siempre ha sido un tema de conversación delicado. Nuestras opciones alimenticias representan a la vez nuestra cultura, nuestras convicciones, nuestros recuerdos de infancia… Si a lo largo del régimen se había ahorrado este tipo de comentarios, ahora hay peligro de que se multipliquen, porque ya no hace régimen. Sin embargo, todos los jueves tomará otro tipo de comida.

Frente a la reacción de su entorno, dos soluciones posibles:

• Plante cara y ponga fin a los comentarios. Su manera de alimentarse sólo le incumbe a usted, no molesta a nadie. No impide a nadie comer lo que se le antoje.

• Mantenga la discreción. No va a explicar el método Dukan al jefe de la oficina o a ese cliente al que usted invita al restaurante en una comida de negocios.

He aquí algunos trucos:

En familia

Tome un *brunch* una vez por semana. Su día de proteínas puede ser la ocasión de instaurar un nuevo ritual familiar y dar un aire festivo al desayuno: huevos, carnes frías, ¡el *brunch* le va que ni pintado! Mientras los comensales completan el desayuno con mermelada o pan, ¡usted pasará desapercibido con su huevo pasado por agua en el que remojará la pechuga de pollo como si fuera un trozo de pan!

En el restaurante

• **Pida una bandeja de marisco**

Este plato tiene un aire festivo y nadie se dará cuenta de que sigue las consignas del jueves de proteínas. ¿Sabía que el cangrejo, el buey de mar, las gambas, los mejillones y hasta las ostras o las vieiras tienen aun menos grasa que el pescado?

• Picotee del plato

Pida un trozo de carne asada tan grande como sea posible con una verdura que no le guste especialmente, y coma sólo la carne.

• De postres, tome café

Nadie sospechará que hace régimen si toma un café mientras los demás eligen postre. Si la conversación se prolonga, pida otro.

De viaje

Llévese proteínas en polvo. Es difícil seguir el régimen de proteínas en un área de descanso de autopista, aunque algunas ofrecen ahora lonchas de carne fría o surimi. Pero si no encuentra nada apropiado, puede contentarse con unos polvos, que completará con un lácteo desnatado si lo encuentra en el área.

Preguntas - Respuestas

Tomo la píldora por la mañana, al mismo tiempo que el salvado de avena. ¿Debo tomarlos por separado?

→ Todo depende de la dosis de salvado de avena que utilice. Una o dos cucharadas de salvado de avena no tendrán un efecto suficiente para reducir la acción de la píldora, aunque ésta se consuma en poca dosis. Si toma tres y la píldora en dosis mínima, tómela por la tarde. Si es dosis normal, no hay ningún problema. Puede mezclarlos.

¿Puede recomendarme un alimento disuasor del hambre?

→ La berenjena puede ser un disuasor natural del hambre. Coja una buena berenjena y, con la ayuda de un cuchillo de punta, pinche 3 veces cada lado a 1 cm de profundidad. En cada abertura hunda un diente de ajo. Después meta la berenjena en el horno a 240 °C.

→ Cuando vea que la piel gime y que empieza a resquebrajarse y cruje, saque la berenjena y sirva en un plato. Corte la berenjena en dos a lo largo como un aguacate.

→ Coja la mitad, échele sal y pimienta y coma la pulpa con una cucharita, como si fuera helado. Cuando termine, intente sentarse a la mesa. La hartura y la saciedad estarán progresando hacia el cerebro. Estará más tranquilo para comer o cenar y la pectina de la berenjena abandonará el organismo llevándose consigo algunas calorías preciosas.

¿Cuál es el mejor momento del día para tomar salvado?

→ Hay varios, según el estilo de vida y la relación con los alimentos.

→ Si por la mañana le gusta un desayuno abundante, está claro que el salvado de avena le aportará su dulzura, consistencia y repleción, sobre todo si prepara tortas, *crêpes* o gachas con ella.

→ Si suele picotear a media tarde, el mejor momento serán las 17 horas.

→ Si come de pie y deprisa y nunca tiene tiempo para una comida de verdad, una torta grande hecha con dos cucharadas soperas de avena, queso blanco y clara de huevo puede ser la base de un sándwich Dukan en el que colocará una buena loncha de salmón ahumado, jamón bajo en calorías o cecina.

→ Si picotea después de la cena y busca en vano la felicidad en los armarios vacíos, la torta azucarada con cacao sin grasa será la más útil para no sucumbir.

Balance de la fase 4

A camino largo, paso corto

Ha llegado pues al término de este viaje al centro de su organismo. Lo ha tratado con dureza, le ha hecho la guerra, pero ahora volverán a ir de la mano. Su cuerpo es su amigo, aprenda a no desatenderlo. «A camino largo, paso corto», dice un antiguo proverbio. Y hoy en día, por desgracia somos más los que nos preocupamos de la salud de nuestro coche que de la de nuestro cuerpo. No se nos ocurrirá poner gasolina en un motor diésel, o dejar de llevar nuestro querido vehículo a revisar y hacer el cambio de aceite.

Piense en usted

Para que esta dieta sea un éxito absoluto, tiene que pensar todos los días en usted. Durante el adelgazamiento, ha concedido tiempo a su cuerpo, lo ha escuchado, mimado o maltratado, pero se ha ocupado de él. Deberá continuar. Por eso es importante el jueves: es un punto de encuentro entre usted y su cuerpo, un instante para empezar de cero su relación.

Conviértase en una tortuga en la mesa

Tener cuidado del propio cuerpo equivale a darse un gusto. Coma lentamente, saboree, no se trague nada sin haberlo saboreado. Reivindique la lentitud, es un arte de vivir que se está perdiendo. Cuanto más deprisa se come, más se engorda.

No repita

Lo ha descubierto en la fase de consolidación, en la comida de gala. Tómese su tiempo, pero no repita nunca. Un último consejo, relativo tanto al gusto como a la línea. Coma con cuchillo y tenedor. ¿Un consejo extraño? Hoy la costumbre de picotear y los restaurantes de comida rápida nos han hecho olvidar esta obviedad. Si se toma el tiempo de degustar un plato sentado, con cuchillo y tenedor, tendrá la seguridad de disfrutar y de no engullir lo que sea sin pensarlo a lo largo del día.

Beba mientras come

Es un prejuicio que no hay manera de eliminar: beber mientras se come no es de ningún modo nefasto para su organismo. Le procura una sensación de saciedad y permite además interrumpir la absorción de alimentos sólidos: la progresión de la comida se ralentiza en el tubo digestivo. Además, el agua fresca rebaja la temperatura de los alimentos ingeridos, lo que da al cuerpo más trabajo. Y cuanto más trabaja éste, más calorías consume.

Si recupera algunos kilos...

No espere a que sean muchos... En cuanto recupere algo de peso, haga 2 días de proteínas puras sólo aquella semana. Eso debería ser suficiente.

Estoy convencido de que ahora, al cerrar este libro, puede enfrentarse al desafío: llevar una vida agradable, comiendo como todo el mundo seis días de siete. Ha dejado atrás la vida de antes, en la que se encontraba tan mal en su piel.

La fase de estabilización en resumen...

El incumplimiento de las consignas de estabilización implica con toda seguridad la recuperación del peso perdido.

En la fase de estabilización, comerá con normalidad seis días de cada siete.

Tratará de aplicar lo que ha aprendido durante este régimen: dispondrá los diversos alimentos según su importancia: vital (proteínas, verduras), agradable (glúcidos), esencial, útil, cómoda, placentera.

Una vez por semana, si puede ser el **jueves**, volverá a las **proteínas puras**.

Esta consigna es innegociable.
Será su protección contra una eventual recuperación de peso.

El jueves beberá como mínimo 1,5 litros de agua.

Consumirá todos los días 3 cucharadas soperas de salvado de avena.

Evitará tomar el ascensor.
Todos los días, su cuerpo deberá estar activo, aunque no practique deporte.

El libro de su peso

• **¿Quién,** hoy en día, puede dedicar su tiempo a hacer 154 preguntas pertinentes? ¡Nadie, desde luego!

• **¿Quién** lo dedicará a analizarlas y clasificarlas para comprender el caso de la persona que ha respondido y a proponer soluciones adaptadas?

• **¿Quién** tomaría la pluma para redactar el balance y una hoja de ruta adaptada a cada caso?

• **¿Qué** impresor, por último, imprimiría tal obra en un solo ejemplar y lo entregaría a domicilio a la persona que lo hubiera encargado?

Nosotros lo hemos hecho en conjunto, impulsados por la pasión y el placer de innovar y construir desde la base, inventando en un mundo donde todo parece dicho. Casi todos voluntarios, 32 médicos, cuatro ingenieros, un arquitecto informático genial y grafistas.

Dos aportaciones fundamentales que lo cambian todo:
personalización y seguimiento

La personalización: la aproximación al rostro humano

• **Una reflexión internacional**

En 2003 puse en marcha un grupo de reflexión internacional en red sobre la inquietante evolución del sobrepeso y la obesidad en el mundo. Colegas nutricionistas norteamericanos, ingleses, españoles y alemanes observaban la progresión de esta plaga y buscaban soluciones. Algo estaba claro: hasta entonces nada había podido contener la epidemia del sobrepeso, y la resistencia se debilitaba aún más a raíz de la división de las investigaciones y la falta de un método consensuado. Otra conclusión de este análisis era que el obstáculo fundamental consistía en la dureza del régimen en el contexto de un mundo que incitaba a consumir. Para atenuarlo, hacían falta un apoyo y un plan basados en dos elementos evidentes: la relación personal con las personas que iban a asumir la restricción y el seguimiento cotidiano para observarlo día a día, kilo a kilo.

• **Internet, medio de la personalización**

Todas las obras, métodos y planes propuestos para tratar el sobrepeso, cualesquiera que sean sus virtudes, son métodos estándar que no tienen en cuenta al individuo, su personalidad, su historia y sus preferencias alimenticias.

El proyecto «personalización general» ha conducido a un programa que permite realizar un estudio personalizado para cada caso de sobrepeso. Las preguntas que ha formulado un colega médico han permitido cosechar 154 respuestas que perfilan un caso singular.

En función de todos los elementos considerados, se ha propuesto un plan global para adelgazar según la personalidad ponderal, una auténtica hoja de ruta. Este taller ha movilizado a 32 médicos y a un equipo de ingenieros informáticos. Ha desembocado en la creación del primer libro de un solo lector en la historia de la edición.

A partir de 10.000 casos, el estudio Apage ha demostrado que el tratamiento personalizado del sobrepeso constituye una herramienta decisiva en la lucha contra la gordura. Con este sistema, se consigue una pérdida de peso óptima, que si bien es comparable a la de otros métodos de adelgazamiento también es radicalmente mejor en la estabilización del peso y su mantenimiento durante 24 meses.

El seguimiento cotidiano: un plan contra el dolor

• La preparación por Internet

También se ha alcanzado la unanimidad internacional sobre la importancia fundamental del seguimiento cotidiano. Este papel es en general el del médico nutricionista. Pero en Francia sólo hay 270 nutricionistas por cada 20 millones de personas con sobrepeso, y las cifras en España no son más alentadoras. Había que crear, pues, un sistema de preparación que pudiera utilizarse a gran escala. El único canal de atención y diálogo era forzosamente Internet. ¡Cuidado! Hay muchas páginas web que ofrecen preparación, pero que yo sepa, ninguna de ellas ofrece un servicio personalizado (nada diferencia a un usuario del otro) ni un verdadero seguimiento (las consignas son estándar y no tienen en cuenta los resultados).

• Consignas de mañana e informe de la tarde

Los mismos equipos médicos y clínicos han utilizado los conocimientos adquiridos para la personalización y han elaborado un servicio único en el mundo basado en una tecnología nueva y patentada: el canal EARQ (*e-mail aller-retour quotidien*, 'intercambio diario por correo electrónico'), de momento también solo en francés.

Todas las mañanas cada usuario recibe un e-mail con consignas personalizadas sobre 3 apartados: alimentación (menús), actividad física y apoyo para la motivación y el diálogo.

Todas las tardes (y es aquí donde se manifiesta la personalización y la veracidad del seguimiento), el usuario rinde cuentas en unos pocos clics de su peso del día, de sus infracciones en la alimentación, de la actividad física, el nivel de motivación, y sobre el alimento que más ha echado de menos. Esta información va a ser decisiva para elaborar el e-mail de las consignas del día siguiente. Este control paciente y constante, con su ida y venida cotidiana de consignas y de informes, permite adelgazar con la máxima eficacia y perdurabilidad y la mínima frustración.

En la práctica...

Si sabe usted francés y cuenta con acceso a Internet, puede usted acceder al cuestionario de 154 preguntas. El análisis de las respuestas permite sacar conclusiones individuales.

Al cabo de 8 días del inicio del estudio se realiza una síntesis, que se edita y se imprime en un ejemplar único, dirigido exclusivamente al usuario. Rellene el cuestionario en la página www.livredemonpoids.com (en francés).

El coaching por Internet está disponible en www.dietadukan.es. Se conceden un acceso y una tarifa preferente a los lectores de esta obra si usan el código «RBA».

Los entrantes y aperitivos

Revoltillo con huevas de salmón

FASE 1

- **Para 2 personas**
- **Tiempo de preparación**
  15 minutos
- **Tiempo de cocción**
  10 minutos
- **Tiempo de refrigeración**
  10 minutos
- **Ingredientes**
  > 3 huevos enteros
  > 2 cucharadas de huevas
  de salmón
  > Sal, pimienta
  Para la crema chantillí
  > 2 claras de huevos batidas
  > 40 g de requesón desnatado
  > Sal, pimienta

En una pequeña cazuela de fondo grueso, casque los huevos y salpimente. Cuézalos a fuego muy lento, sin dejar de remover con una cuchara de madera (dibujando ochos). Cuando estén bien revueltos, con la consistencia de una crema, métalos en recipientes pequeños.

Haga una crema chantillí con las claras batidas a punto de nieve, el requesón, la sal y la pimienta.

Viértalo sobre los huevos y decórelo con huevas de salmón.

Reserve en la nevera hasta el momento de servir.

FASE 2
PP

Cazuelita de gambas con salsa de vainilla

- **Para 4 personas**
- **Tiempo de preparación**
  15 minutos
- **Tiempo de cocción**
  20 minutos
- **Ingredientes**
  > 15 cl de nata descremada
  3 % (tolerada)
  > 1 vaina de vainilla
  > 2 chalotas
  > 2 cucharadas de vino blanco
  (opcional y tolerado)
  > 12 gambas
  > 1/2 cucharadita de cúrcuma
  > 1/4 de cucharadita de pimentón

Caliente la nata hasta que empiece a hervir, después deje reposar en ella la vainilla que previamente habrá partido en dos.

Pele y corte en rodajas finas las chalotas y cuézalas a fuego muy lento en una sartén con revestimiento antiadherente con 4 cucharadas soperas de agua, hasta que se vuelvan transparentes. Vierta el vino blanco y déjelo reducir. Añada las gambas peladas y rehóguelas hasta que estén hechas. Vierta la nata (después de apartar la vaina), la cúrcuma y el pimentón.

Póngalo todo en cazuelitas y sírvalo caliente.

FASE 2
PP

Vieiras a la plancha con espuma de vainilla

- **Para 4 personas**
- **Tiempo de preparación**
  20 minutos
- **Tiempo de cocción**
  15 minutos
- **Ingredientes**
  > 16 vieiras congeladas
  > 15 cl de fumet de pescado
  > 1 vaina de vainilla
  > 10 gotas de aroma de ron
  > 10 cl de nata líquida 3 % MG
  (tolerada) o 10 cl de queso blanco
  0 % MG
  > 1 buena pizca de agar-agar

Vierta el fumet de pescado en una cazuela. Abra la vaina de vainilla por la mitad en sentido longitudinal y raspe suavemente las semillas sobre el fumet. Lleve a ebullición y deje reposar 10 minutos. Filtre y guarde la vaina para decorar, si así lo desea.

Rehogue durante 2 o 3 minutos las vieiras en una sartén con revestimiento antiadherente. Reserve caliente.

Desglase la sartén con 2 cucharadas soperas de agua mezcladas con aroma de ron. Incorpore al fumet. Añada la nata y a continuación el agar-agar. Filtre.

Si dispone de un sifón de espuma, vierta la mezcla, cierre e inserte un cartucho de gas. Agite bien.
Si no lo tiene, emulsione la mezcla para que se vuelva espumosa.

Coloque las vieiras en platos hondos y acompáñelas de espuma de fumet a la vainilla.

Decore con la vaina de la vainilla cortada en trocitos.

FASE 2
PP

Saquito de salmón ahumado relleno de mejillones

- **Para 1 persona**
- **Tiempo de preparación**
  5 minutos
- **Tiempo de cocción**
  5 minutos
- **Ingredientes**
  > 10 mejillones ya cocidos
  > 1 cucharadita de nata descremada
  3 % MG (tolerada)
  > 1 buena loncha de salmón
  ahumado
  > 1 porción de queso fresco 0 % MG
  > 1 tallo de cebollino

Caliente a fuego lento durante 5 minutos los mejillones en una sartén con revestimiento antiadherente. En el último momento, añada la nata descremada.

Coloque la loncha de salmón ahumado en el plato y extienda el queso fresco. Vierta los mejillones encima.

Forme la bolsita cerrando el salmón ahumado con la ayuda de 1 tallo de cebollino.

FASE 2
PV

Milhojas de pepino y salmón

- **Para 6 personas**
- **Tiempo de preparación**
  15 minutos
- **Ingredientes**
  > 1 pepino
  > 180 g de salmón ahumado
  > 2 dados de queso fresco 0 %
  > 3 tallos de tomillo
  > 1 tarrito de huevas de salmón
  > Sal, pimienta

Enjuague y seque el pepino. Córtelo en trozos de 10 cm de largo, y a continuación corte cada trozo en láminas finas.

Corte las lonchas de salmón en tres.

Monte las 6 milhojas alternando 2 láminas de pepino y 1 lámina de salmón ahumado con un poco de queso fresco extendido por encima. Sale ligeramente el pepino y ponga pimienta en el salmón ahumado. Esparza un poco de tomillo deshojado. Acabe con 1 lámina de pepino.

Decore con huevas de salmón y reserve en la nevera.

Gambas con salsa al curry y tomates cherry

- **Para 2 personas**
- **Tiempo de preparación**
  10 minutos
- **Tiempo de cocción**
  10 minutos
- **Ingredientes**
  > 16 gambas
  > 10 cl de nata descremada
  líquida 3 %
  > 15 gotas de aroma de coco
  > 1/2 cucharadita de curry
  > 1/4 cucharadita de pimentón dulce
  > 8 tomates cherry

Pele las gambas y dórelas en una sartén con revestimiento antiadherente.

Al mismo tiempo, prepare la salsa mezclando la nata, el aroma, el curry y el pimentón.

Cuando las gambas estén doradas, eche la salsa en la sartén y remueva.

Vierta en platos hondos y coloque los tomates cherry presentados con palillos.

En la fase 3 de consolidación puede sustituir la nata y el aroma por 10 cl de leche de coco.

Gelatina de huevos con bogavante y salmón ahumado

- **Para 6 personas**
- **Tiempo de preparación**
  20 minutos
- **Tiempo de cocción**
  30 minutos
- **Tiempo de refrigeración**
  2 horas
- **Ingredientes**
  > 2 huevos enteros
  > 1 sobre de gelatina salada (24 g)
  > 1 manojo de espárragos blancos
  > 1/2 bogavante congelado cocido
  > 3 lonchas de salmón ahumado
  > 1/2 manojo de perejil

Cueza los huevos duros y córtelos en dos.

Prepare la gelatina siguiendo las indicaciones del sobre.
Cueza los espárragos. Déjelos enfriar y póngalos sobre un paño para que absorba toda el agua.

En una bandeja pequeña, disponga el bogavante cortado en medallones y cúbralo con los huevos, con la yema hacia arriba. Vierta la gelatina y déjelo todo en la nevera al menos 2 horas.

En el momento de servir, desmolde en el centro del plato, coloque los espárragos en abanico y las lonchas de salmón ahumado cortadas en dos. Esparza el perejil picado para añadir un poco de colorido.

FASE 2
PP

Minivolovanes con salmón ahumado

- ■ **Para 50 volovanes**
- ■ **Tiempo de preparación**
  25 minutos
- ■ **Tiempo de cocción**
  20 minutos
- ■ **Ingredientes**
  Para la pasta de los volovanes
  > 4 cucharadas de salvado
  de avena
  > 4 cucharadas de salvado
  de trigo
  > 1/2 bolsita de levadura química
  > 3 cucharadas de queso blanco
  0 % MG
  > 3 huevos enteros + 1 clara
  > 1 cucharadita de aroma
  de almendra amarga
  > Sal, pimienta
  Para el aderezo
  > 4 dados de queso fresco 0 % MG
  > 3 cucharaditas de queso blanco
  0 % MG
  > Finas hierbas o cebolleta fresca
  > 2 buenas lonchas de salmón
  ahumado
  > Sal, pimienta

Retire la bandeja de rejilla del horno y precaliente a 210 °C

Mezcle en una ensaladera los salvados, la levadura, el queso blanco, los huevos, la clara de huevo y el aroma de almendra amarga. Salpimente un poco.

Reparta la pasta en un molde flexible para mini volovanes. Deposítelo sobre la bandeja de rejilla y métalo en el horno durante 20 minutos. La cocción varía según los hornos, así que preste atención.

Mezcle en un cuenco el queso fresco y el queso blanco. Aplaste el conjunto con el tenedor. Eche sal, pimienta y añada una pizca de finas hierbas o, si tiene, cebolleta fresca cortada finamente.

Reparta la mezcla entre los pequeños volovanes ayudándose de una cucharilla o de una manga pastelera.

Corte el salmón en cuadraditos y dispóngalo como decoración.

Decore con finas hierbas.

También puede poner huevas de lumpo en vez de salmón ahumado o sustituir la guarnición a base de dados de queso fresco por un mousse de atún, de salmón o de tofu ahumado.

FASE 2
PV

Dúo ligero salmón-brécol

- **Para 12 vasitos**
- **Tiempo de preparación**
  15 minutos
- **Tiempo de refrigeración**
  1 hora
- **Ingredientes**
  Para el mousse de salmón
  > 150 g de salmón ahumado
  > 8 cucharadas soperas
  de queso blanco 0 % MG
  > Zumo de 1/2 limón
  > Sal, pimienta
  Para el mousse de brécol
  > 1/2 brécol cocido
  > 2 dados de queso fresco 0 % MG
  > 1 cucharada de queso blanco
  0 % MG
  > Zumo de 1/2 limón
  > Un poco de curry en polvo
  (decoración)
  > Sal, pimienta

Mezcle el salmón con el queso blanco y el zumo de limón hasta obtener una mezcla espumosa homogénea. Eche un poco de sal y pimienta en los vasitos. Reserve en la nevera el tiempo que tarde en preparar el brécol.

Mezcle el brécol con el queso fresco, el queso blanco y el zumo de limón. Eche sal y pimienta. Añada esta mezcla a la preparación del salmón. Termine con un toque de curry y vuelva a dejarlo en la nevera 1 hora.

Saque los vasitos 10 minutos antes de servir.

Bocaditos de pepino con huevas de lumpo

- **Para 4 personas**
- **Tiempo de preparación**
  20 minutos
- **Tiempo de cocción**
  3 minutos
- **Tiempo de refrigeración**
  10 minutos
- **Ingredientes**
  > 1/2 pepino fino
  > 6 cucharadas de queso blanco 0 %
  > 2 cuadrados de queso fresco 0 %
  > De 5 a 10 gotas de aroma de queso
  de cabra (facultativo)
  > 1 tarrito de huevas de lumpo rojas
  (100 g)

Pele el pepino con ayuda de un pelador y conserve las tiras de piel intactas. Sumérjalas 3 minutos en agua hirviendo para que queden flexibles. Escúrralas y resérvelas a temperatura ambiente.

Corte el pepino en 4 trozos iguales y vacíelos parcial y delicadamente dejando un fondo de aproximadamente 1 cm.

Mezcle el queso blanco y el queso fresco. Añada el aroma. Guarnezca el fondo de los pepinos. Rellene con las huevas de lumpo, que sobresalgan un poco por encima.

Corte las tiras de pepino a lo largo, para efectuar pequeños lazos que harán de nudos decorativos en cada bocadito.

Reserve en la nevera hasta el momento de servir.

Corona
de verduras asadas

- **Para 8 personas**
- **Hay que prepararlo el día anterior**
- **Tiempo de preparación**
  30 minutos
- **Tiempo de cocción**
  25 minutos
- **Tiempo de refrigeración**
  24 horas
- **Ingredientes**
  > 2 berenjenas
  > 5 calabacines
  > 2 pimientos rojos
  > 2 pimientos amarillos
  > 4 g de agar-agar
  > 20 cl de jugo de tomate casero
  o 20 cl de caldo de ave de corral
  sin grasa
  > 1 manojo de albahaca
  > Sal, pimienta

Corte las berenjenas y los calabacines en láminas.
Ase las verduras en el horno a 180 °C. Retire los pimientos cuando la piel se ennegrezca, y después métalos en una bolsa o en una ensaladera cerrada para poderlos pelar fácilmente.

En una cazuela, mezcle el agar-agar con el jugo de tomate o con el caldo. Lleve a ebullición durante 2 minutos. Eche sal y pimienta.

Tome un molde de bizcochos (en forma de corona) o bien otro recipiente (terrina…). Coloque en el fondo las verduras que crearán la decoración. Alterne los pimientos rojos y amarillos. Vierta un poco de líquido gelificante entre las capas e intercale hojas de albahaca para aportar un sabor suplementario.
Cuando todas las verduras estén dispuestas, vierta el resto del líquido y apriete un poco. Coloque un plato sobre el molde, ponga un peso para presionar y reserve en la nevera durante al menos 24 horas.

Desmolde justo antes de servir y acompañe de un poco de vinagreta y de hojas de albahaca para decorar.

Muselina ligera de puerros con zumo de tomate

- **Para 4 personas**
- **Tiempo de preparación**
  20 minutos
- **Tiempo de cocción**
  20 minutos
- **Tiempo de refrigeración**
  2 horas
- **Ingredientes**
  > 3 puerros (sólo la parte blanca)
  > 1/2 cubo de caldo de cocido desgrasado
  > 400 g de tofu sedoso
  > 2 cucharadas soperas de salsa teriyaki (salsa japonesa) o salsa de soja
  > 2 g de agar-agar
  > 150 ml de leche desnatada
  > 4 buenos tomates
  > Sal, pimienta

Lave los puerros y córtelos en rodajas finas. Póngalos a fuego lento en una olla a presión con cuatro cucharadas de agua y 1/2 cubo de caldo. Recúbralos enseguida de agua y cierre la olla. Cuente 10 minutos de cocción desde que la olla silbe.

Escurra los puerros y mézclelos con el tofu sedoso y la salsa teriyaki.

En una cazuela, mezcle el agar-agar y la leche desnatada (también puede tomar leche de soja). Lleve a ebullición y deje hervir durante 30 segundos. Añada al conjunto los puerros y mézclelo todo. Salpimente.

Viértalo en los recipientes recubiertos de papel film. Deje enfriar a temperatura ambiente y a continuación métalo todo en la nevera durante 2 horas.

Pele los tomates. Píquelos, añada agua y vierta la mezcla resultante en un plato. Desmolde la muselina y deposítela con cuidado sobre el tomate. Decore a su gusto.

Encontrará el tofu sedoso en tiendas bio y dietéticas.

Sopa de Halloween

- **Para 4-6 personas**
- **Tiempo de preparación**
  15 minutos
- **Tiempo de cocción**
  1 hora
- **Ingredientes**
  > 250 g de carne de calabaza
  > 1 cebolla mediana
  > 1 hinojo
  > 1/2 litro de leche descremada
  > Zanahoria
  > Sal, pimienta

Separe las semillas de la carne de la calabaza. Córtela en pequeños dados de aproximadamente 1 cm.

Pele y corte en láminas la cebolla. Pele y corte la zanahoria en finas lonchas. Corte el bulbo del hinojo en juliana.
Rehogue en una sartén con revestimiento antiadherente la cebolla, la zanahoria y el hinojo con 4 cucharadas soperas de agua. Cuando el agua se evapore, añada los daditos de calabaza y un poco de agua. Deje cocer con el recipiente tapado durante 40 minutos, removiendo de vez en cuando y verificando que las verduras no se peguen. De ser el caso, vierta un fondo de agua.

Caliente la leche en un cazo.

Mezcle la sopa añadiendo la leche al mismo tiempo. Salpimente. Reparta entre platos hondos.

Vasitos de jamón y salsa de tomate

FASE 2
PV

- **Para 6 personas**
- **Tiempo de preparación**
  20 minutos
- **Tiempo de refrigeración**
  1 hora
- **Ingredientes**
  Para el mousse de jamón
  > 100 g de jamón (pavo, gallina o pechuga sin grasa)
  > 1 dado de queso fresco 0 %
  > 10 cl de nata líquida 3 % (tolerada)
  > 1 pizca de pimentón
  > Pimienta
  Para la salsa de tomate
  > 1 lata pequeña de tomate triturado
  > 1 diente de ajo
  > 2 dados de requesón 0 %
  > 1 cucharadita de cebolleta
  > Unas hojas de albahaca

Pase por la batidora los ingredientes de cada preparado para obtener dos mezclas distintas.

Deje reposar aproximadamente 1 hora en la nevera.

Disponga los vasitos alternando una capa de salsa de tomate y una capa de mousse de jamón.

Decore con 1 o 2 hojas de albahaca.

Cóctel refrescante

FASE 2
PV

■ **Para 6 personas**

■ **Tiempo de preparación**
15 minutos

■ **Ingredientes**
> 3 cucharadas de surimi rallado
> 1/2 brécol cocido
> El zumo de 1 limón verde
> 2 dados de queso fresco 0 % MG
> 2 cucharadas de nata líquida 3 % MG (tolerada)
> 1 cucharadilla de eneldo recortado
> 3 lonchas de salmón ahumado
> Pimienta

En cada vasito se reparte el surimi rallado.

Se aplasta el 1/2 brécol hasta formar puré y se rocía con el zumo de limón. Se deposita un lecho de puré sobre el surimi.

Mezcle el queso fresco con la nata, el eneldo recortado y eche la pimienta. Coloque una capa de esta mezcla sobre el brécol.

Corte el salmón ahumado en láminas finas y deposítelas en forma de espirales para llenar cada vasito.

Decore con un poco de surimi rallado y de cebolleta.

Flan de pepino con corazón de salmón ahumado

- **Para 6 personas**
- **Tiempo de preparación**
  30 minutos
- **Tiempo de refrigeración**
  6 horas
- **Ingredientes**
  > 1 pepino
  > 1 cucharadita de agar-agar
  > 2 lonchas de salmón ahumado
  > 1 pellizco de sal

Ponga a hervir 25 cl de agua con 1 pizca de sal.

Al mismo tiempo, pele el pepino y quite las semillas.

Cuando el agua arranque a hervir, añada el agar-agar, mezcle bien para diluirlo y deje hervir 2 minutos. Retírelo del fuego, sumerja el pepino y mezcle el conjunto.

Corte el salmón ahumado.

En moldes blandos de flan (o de otro tipo), vierta la preparación del pepino hasta media altura, añada una cucharada de salmón cortado y termine de llenar el molde con el pepino. Deje enfriar para que la preparación se gelifique.

Guarde en la nevera durante al menos 6 horas antes de servir.

Sopa de pimientos con jengibre

FASE 2
PV

- **Para 4 personas**
- **Tiempo de preparación**
  20 minutos
- **Tiempo de cocción**
  50 minutos
- **Ingredientes**
  > 3 pimientos rojos
  > 1 cebolla roja
  > 2 dientes de ajo
  > 1 trozo de 5 cm de jengibre rallado
  > 1 cucharadita de comino molido
  > 1 cucharadita de cilantro molido
  > 1 cucharada de fécula de maíz
  (tolerada)
  > 90 cl de caldo de pollo sin grasa
  > 4 cucharadas de queso blanco 0 %
  > Sal, pimienta

Precaliente el horno a 200 °C.

Meta los pimientos cortados en dos, la cebolla pelada y cortada en 4 y los dientes de ajo con piel sobre una placa antiadherente. Cuézalos al horno durante 4 minutos, hasta que la piel de los pimientos se resquebraje.

Caliente en una sartén con revestimiento antiadherente 4 cucharadas de agua y ponga a fuego lento el jengibre, el comino y el cilantro durante 5 minutos. Añada la fécula de maíz, mezcle bien y condimente. Vierta el caldo de pollo, tápelo y déjelo 30 minutos a fuego lento.

Pele los dientes de ajo y aplástelos. Añada la cebolla y el ajo a la sopa.

Pele las mitades de pimiento, reserve una para cortarla en tiras e incorpore las demás a la preparación. Déjelo 5 minutos a fuego lento.

Bata la sopa hasta que la mezcla sea homogénea. Reserve en una cazuela y vuelva a calentar.

Sirva con una cucharada de queso blanco por persona y tiras de pimiento.

Tofu tandoori

FASE 2
PV

- **Para 2 personas**
- **Tiempo de preparación**
  10 minutos
- **Tiempo de refrigeración**
  de 3 a 8 horas
- **Tiempo de cocción**
  25 minutos
- **Ingredientes**
  > 1 cucharada de zumo de limón
  > 30 g de queso fresco batido 0%
  > 2 cucharadas de especias
  para tandoori
  > 250 g de tofu firme
  > Sal, pimienta

Mezcle el zumo de limón, el queso y las especias.

Corte el tofu en daditos y añádalos a la preparación anterior. Mezcle de manera que los dados queden totalmente bañados. Reserve en la nevera unas horas, o mejor una noche.

Precaliente el horno a 240 °C.

Disponga los cubos en una fuente y métala en el horno con el adobo. Cueza en el horno durante 25 minutos, removiendo regularmente.

Pinche con palillos y sirva caliente.

Encontrará tofu firme en tiendas bio y dietéticas.

Cóctel refrescante de cecina

FASE 2 PV

- **Para 6 personas**
- **Tiempo de preparación**
  20 minutos
- **Ingredientes**
  > 3 tomates medianos
  > 6 zanahorias
  > 300 g de apio en rama
  > 1/2 manojo de perifollo
  > 6 pellizcos de curry en polvo
  > 12 lonchas de cecina
  > Sal, pimienta

Pele y despepite los tomates. Pele, lave y corte en láminas las zanahorias. Deshoje el apio y córtelo en trocitos.

Triture todas las verduras y salpimente.

Recorte finamente el perifollo.

Vierta la preparación en 6 vasos, eche un pellizco de curry y de perifollo. Añada por último 2 lonchas de cecina que previamente habrá cortado *en chiffonade*.

Tarta de calabaza

- **Para 8 personas**
- **Tiempo de preparación**
  15 minutos
- **Tiempo de cocción**
  1 h 05 minutos
- **Ingredientes**
  > 400 g de carne de calabaza
  > 3 huevos enteros
  > 10 gotas de aroma de mantequilla
  > 20 gotas de aroma de castaña
  > 10 cl de leche desnatada
  > 50 g de harina integral
  > 50 g de salvado de avena
  > 1/2 bolsita de levadura química
  > 150 g de tiritas de pollo
  > 100 g de emmental rallado
  descremado 5 % (tolerado)
  > Un poco de perejil
  > Un poco de nuez moscada
  > Sal, pimienta

Quite la piel de la calabaza y corte la carne en dados de aproximadamente 1 cm. Rehóguela en una sartén de revestimiento antiadherente con 4 cucharadas de agua. Remueva de vez en cuando y no dude en añadir agua si es necesario. Compruebe la cocción con la punta de un cuchillo. Cuando se hunda bien, apague el fuego. Pase por batidora eléctrica hasta formar puré y reserve.

Precaliente el horno a 210 ºC.

En una ensaladera, bata los huevos con los aromas. Añada el puré de calabaza, la leche, la harina, el salvado de avena y la levadura. Mezcle bien. Incorpore las tiritas de pollo y el emmental. Añada un poco de perejil, nuez moscada, sal y pimienta.

Vierta en un molde de pastel o un molde de suflé y deje en el horno durante 50 minutos. Compruebe la cocción con la punta de un cuchillo.

Los platos

Tortilla a la menta con curry

FASE 1

- ■ **Para 2 personas**
- ■ **Tiempo de preparación**
  5 minutos
- ■ **Tiempo de cocción**
  10 minutos
- ■ **Ingredientes**
  > 4 huevos enteros
  > 50 g de queso blanco 0 %
  > 1 buen pellizco de curry
  > Algunas hojas de menta fresca
  > Sal, pimienta

En un cuenco, bata los huevos con el queso blanco. Salpimente y añada el curry.

Recorte las hojas de menta y añádalas a la preparación. Mezcle bien.

Cueza a fuego lento las dos caras de la tortilla en una sartén con revestimiento antiadherente.

FASE 2
PV

Chucrut de marisco

- **Para 4 personas**
- **Tiempo de preparación**
  30 minutos
- **Tiempo de cocción**
  1 h 15 minutos
- **Ingredientes**
  > 2 kg de chucrut cruda
  > 10 g de enebro
  > 10 cl de riesling (tolerado)
  > 600 g de filetes de maruca
  > 12 vieiras
  > 6 mejillones gallegos
  > 2 filetes de abadejo
  > 6 camarones
  > 6 finas lonchas de anguila
  ahumada
  > 1 poco de eneldo
  > Sal, pimienta
  > Palillos de 12 cm de largo
  Para la salsa
  > 2 chalotas
  > 10 cl de riesling (tolerado)
  > 10 gotas de aroma
  de mantequilla
  > Sal, pimienta

Enjuague el chucrut varias veces. Métalo en la cesta de una olla a presión, añada los granos de enebro, rocíelo con riesling y 40 cl de agua y cueza durante 1 h 15.

Corte el filete de maruca en 16 dados y écheles pimienta. Monte brochetas con los palillos y alternando trozos de pescado y vieira.

Rasque y lave los mejillones. Veinte minutos antes del fin de la cocción del chucrut, añada las brochetas a la cesta; 10 minutos después, añada el abadejo y los mejillones; 7 minutos después, ponga los camarones y las rodajas de anguila.

Durante la cocción del chucrut prepare la salsa. Corte en láminas las chalotas. Póngalas en una cazuela con el vino, 5 cucharadas de agua y el aroma de mantequilla. Salpimiente. Reduzca a fuego vivo. Reserve la salsa caliente en un baño maría hasta el momento de servir.

Disponga el chucrut formando una cúpula en una bandeja caliente. Coloque el pescado encima, decore con unas briznas de eneldo y sirva la salsa aparte.

Gratén de bacalao con rebozuelos

- **Para 4 personas**
- **Tiempo de preparación**
  30 minutos
- **Tiempo de cocción**
  40 minutos
- **Ingredientes**
  > 600 g de bacalao
  > 1 ramillete de tomillo
  > 2 cebollas
  > 4 clavos
  > 2 hojas de laurel
  > 1 ramillete de perejil
  > 40 cl de caldo de gallina
  sin grasa
  > 250 g de rebozuelos
  > 3 dientes de ajo
  > 20 cl de nata 3 %
  > 2 puñados de emmental
  rallado 5 %
  > Sal, pimienta

El día anterior, desale el bacalao, con la piel por encima.

Caliente agua en una olla, sumerja el bacalao con el tomillo, 1 cebolla picada con 4 clavos, el laurel y un poco de perejil. Cueza 10 minutos.

En una cazuela para saltear se vierten 20 cl de caldo de gallina. Se añaden los rebozuelos limpios. Se salpimenta y se deja cocer.

Saque el bacalao, quítele la piel y las espinas.

Precaliente el horno a 180 ºC.

Meta el ajo machacado y el perejil cortado con los rebozuelos cocidos. Remueva, apague el fuego, cubra y deje reposar los rebozuelos.

En una sartén con revestimiento antiadherente, tueste una cebolla, cortada en láminas y vierta 20 cl de caldo. Deje cocer a fuego lento hasta que se haya evaporado toda el agua.

Encienda el fuego bajo los rebozuelos, añada las cebollas y el bacalao desmigado, remueva, incorpore la nata. Vierta en una bandeja para gratinar. Condimente con emmental y deje calentar en el horno durante 20 minutos.

Berberechos mediterráneos

- ■ **Para 2-4 personas**
- ■ **Tiempo de preparación**
  10 minutos
- ■ **Tiempo de cocción**
  35 minutos
- ■ **Ingredientes**
  > 6 chalotas
  > 400 g de tomates triturados
  > 1 cucharadita de aroma de coñac
  > 1 rama de tomillo
  > 1 cucharada de orégano
  > 10 cl de nata 3 % (tolerada)
  > 1 kg de berberechos
  > 1 cucharada de fécula de maíz
  (tolerada)

Corte en láminas las chalotas y páselas por el fuego con 4 cucharadas de agua. Añadir a fuego vivo los tomates, el aroma de coñac, las hierbas, la nata y la fécula diluida en 2 cucharadas de agua. Reduzca durante unos 5 minutos.

Añada los berberechos previamente lavados y cueza el conjunto a fuego medio durante 2 minutos.

Sirva con verduras de su elección.

Medallones de lenguado al salmón

- ■ **Para 4 personas**
- ■ **Tiempo de preparación**
  20 minutos
- ■ **Tiempo de cocción**
  20 minutos
- ■ **Ingredientes**
  > 1 filete de salmón de 160 g
  > 4 filetes de lenguado
  > 1 limón
  > Sal gruesa, pimienta

Precaliente el horno a 200 °C.

Corte el filete de salmón en cuatro, sin la piel.

Separe los filetes de lenguado si no lo están completamente.

Coja un filete, ponga un trozo de salmón encima y envuélvalo con el filete de lenguado. Ate el conjunto con un hilo blanco.

Coloque los medallones en una bandeja del horno. Eche un poco de sal gruesa, pimienta molida y un chorrito de limón.

Meta la bandeja en el horno caliente a 200 °C durante 20 minutos.

Sirva con una salsa bechamel o en fase de crucero PV con jugo de tomate.

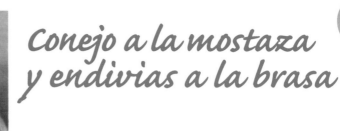

Conejo a la mostaza y endivias a la brasa

FASE 2
PV

■ **Para 4 personas**
■ **Tiempo de preparación**
 15 minutos
■ **Tiempo de cocción**
 55 minutos
■ **Ingredientes**
 > 1 conejo cortado a trozos
 > 2 chalotas
 > 1/2 litro de caldo de cocido
 sin grasa
 > 3 cucharadas de mostaza
 (normal o a la antigua)
 > 2 cucharadas de nata espesa
 3 % (tolerada)
 > 1 buen pellizco de jengibre
 > 1 cucharada de persillada
 preparada
 > Pimienta
 > Endivias
 > Una pizca de romero
 > Un cubito de caldo

Unte el fondo de una olla con un papel impregnado en aceite.

Vierta 10 cl de agua y lleve a ebullición. Deposite los trozos de conejo y dórelos por todas partes. Añada las chalotas peladas y cortadas en lonchas, y remueva hasta que estén doradas. Bañe bien con el caldo, sazone con pimienta, tape y déjelo a fuego lento durante 30 minutos.

Añada enseguida la mostaza, la nata, el jengibre, la persillada y el romero. Remueva bien con una cuchara de madera. Mantenga la cocción durante 15 minutos.

Mientras el conejo se hace a fuego lento, prepare las endivias. Córtelas en rodajas de unos 2 cm y lávelas. Métalas en un trapo para que absorba el agua. Eche las endivias en una sartén y deje que se vayan rehogando lentamente. Disuelva el cubo de caldo y añada 10 cl de agua. Sazone ligeramente con pimienta y termine con un toque de persillada. Deje cocer a fuego lento hasta que el agua se evapore.

Mejillones a la oriental

- **Para 2 personas**
- **Tiempo de preparación**
  10 minutos
- **Tiempo de cocción**
  10 minutos
- **Ingredientes**
  > 1 kg de mejillones
  > 1 lata de concentrado de tomate
  > 2 chalotas
  > 1/2 ramillete de perejil
  > 1 cucharada de comino en polvo
  > 1 pellizco de jengibre en polvo

Meta los mejillones ya limpios en una olla.

Recúbralos hasta la mitad de agua y vierta el concentrado de tomate.

Pele las chalotas, córtelas a rodajas y añádalas a la preparación. Ponga a continuación un poco de perejil, el comino y el jengibre.

Cuando los mejillones estén abiertos, sirva.

Ternera anisada con hinojo

■ **Para 4 personas**

■ **Tiempo de preparación**
35 minutos

■ **Tiempo de cocción**
1 h 15 minutos

■ **Ingredientes**
> 4 bulbos de hinojo
> 1 cebolla grande
> 4 zanahorias
> 1 puerro
> 800 g de ternera sin grasa
> 1 cubo de caldo de cocido sin grasa
> 2 clavos
> 2 estrellas de badiana (anís estrellado)
> 2 hojas de laurel
> 2 cucharadas de fécula de maíz (tolerada)
> 800 g de calabaza moscada
> 1 cucharadita de polvo de curry
> Sal, pimienta

Retire la parte dura de la base de cada bulbo de hinojo.

Pele y corte a rodajas finas la cebolla y las zanahorias. Corte en rodajas los hinojos y el puerro. Ponga las verduras en un colador y lávelas. Corte la carne en trozos grandes. Rehogue en una sartén para saltear con revestimiento antiadherente la carne y la cebolla con 2 cucharadas de agua. Cuando la carne empiece a dorarse, recúbrala con agua y deshaga el cubo de caldo. Remueva bien. Añada las verduras, los clavos, la badiana y el laurel. Salpimente y lleve a ebullición. Remueva y deje cocer a fuego lento durante 1 hora. Incorpore en el último momento la fécula de maíz. Pruebe y modifique los condimentos si es necesario.

Al mismo tiempo, quite la piel de la calabaza. Córtela en dados de 1 cm. Rehóguelos en una sartén con revestimiento antiadherente con un fondo de agua durante 30-40 minutos. No dude en añadir agua si se acaba. Eche el curry al final de la cocción. Salpimente. Aplaste un poco con el tenedor.

Disponga el guiso en los platos y sirva con el puré de calabaza moscada.

En la fase de consolidación, puede servir el guiso con arroz, trigo, etc.

Tartaleta de zanahoria

- **Para 4 personas**
- **Tiempo de preparación**
  15 minutos
- **Tiempo de cocción**
  20 minutos
- **Ingredientes**
  > 200 g de zanahorias
  > 2 huevos
  > 20 cl de queso blanco 0 % MG
  (o 10 cl de queso blanco 0 % MG
  + 10 cl de nata 3 % MG)
  > 1/4 de cucharada de nuez moscada
  en polvo
  > 1 buen puñado de emmental
  rallado 5 % (tolerado)
  > Un poco de perejil
  > Sal, pimienta

Precaliente el horno a 240 °C quitando la reja.

Pele, lave y ralle las zanahorias.

En un bol grande, bata los huevos, el queso blanco, la nuez moscada y el emmental. Salpimente (es libre de cambiar las especias y poner curry, comino, etc.).

Disponga las zanahorias ralladas en recipientes pequeños previamente untados con aceite con ayuda de un papel absorbente. Sazone con un poco de perejil. Vierta por encima la crema de huevo.

Coloque los recipientes sobre la rejilla y deje en el horno 20 minutos.

Deje enfriar un poco, desmolde sobre un plato y sazone con un poco de perejil. Puede ayudarse de un cuchillo para desmoldar.

La tartaleta de zanahoria es deliciosa con carne blanca.

Quiche de champiñones y de tofu suave

- **Para 8 personas**
- **Tiempo de preparación**
  20 minutos
- **Tiempo de cocción**
  45 minutos
- **Ingredientes**
  600 g de champiñones (mezclar
  champiñones de París, rosados,
  gírgolas)
  > Un poco de perejil
  > 400 g de tofu suave
  > 2 puñados de emmental rallado
  5 % (tolerado)
  > 1/2 cucharadita de polvo
  de nuez moscada
  > 8 tomates cherry
  > 4 huevos
  > Sal, pimienta

Precaliente el horno a 240 °C.

Lave con un chorrito de agua los champiñones y séquelos con un trapo. Córtelos en laminas finas y póngalos a fuego lento en una sartén con revestimiento antiadherente con un poco de perejil. Salpimente.

Al mismo tiempo, mezcle en una ensaladera el tofu, los huevos, el emmental y la nuez moscada. Añada los champiñones cuando empiecen a dorarse. Mezcle bien y añada el condimento si es necesario.

Vierta en una bandeja de horno y deposite los tomates cherry aplastándolos ligeramente. Sazone con un poco de perejil.

Manténgalo en el horno 40 minutos. Compruebe la cocción y déjelo un rato más si es necesario.

Puede acompañar la quiche con una buena ensalada.

FASE 2
PV

Calabaza potimarrón y boloñesa de ternera

- **Para 4 personas**
- **Tiempo de preparación**
  15 minutos
- **Tiempo de cocción**
  50 minutos
- **Ingredientes**
  > 2 calabazas potimarrón
  > 1 cebolla
  > 400 g de ternera picada
  > 250 g de jugo de tomate
  > 1/2 cucharadita de pimentón dulce
  > 1 buen pellizco de jengibre en polvo
  > Un poco de perejil
  > Sal, pimienta

Precaliente el horno a 240 °C.

Corte cada potimarrón en dos en sentido longitudinal.
Quite las semillas con la ayuda de una cuchara.
Meta las mitades en el horno durante 20 minutos.

Al mismo tiempo, pele y corte finamente la cebolla y mézclela con la carne picada. Rehogue el conjunto en una sartén con revestimiento antiadherente. Cuando la carne haya perdido el color rosado, añada el jugo de tomate, las especias y el perejil. Salpimente.

Cuando las mitades de potimarrón hayan terminado de cocerse, sáquelas del horno y rellénelas con la boloñesa de ternera.

Deje en el horno a 240 °C 30 minutos.

FASE 2
PV

Nuestra cheeseburger al curry

- **Para 2 personas**
- **Tiempo de preparación**
  15 minutos
- **Tiempo de cocción**
  15 minutos
- **Ingredientes**
  > 1 cebolla grande
  > 1/2 cucharadita de curry
  > 1 buen tomate
  > Unas hojas de lechuga
  > Un poco de queso fresco 4-6 %
  MG (fase de crucero) o 4 lonchas
  de cheddar
  light (fase de consolidación)
  > 2 lonchas de jamón de pollo
  > Un poco de ketchup *light* (tolerado)
  Para el pan de molde Dukan
  > 2 buenas cucharadas de salvado
  de avena
  > 1 buena cucharada de salvado
  de trigo
  > 1 cucharadita de levadura química
  > 2 cucharadas de queso blanco
  0 % MG
  > 1 huevo entero + 2 claras
  de huevo

Mezcle en un bol la totalidad de los ingredientes del pan de molde, integrando por este orden los salvados, la levadura, el queso fresco y los huevos. Vierta el preparado en 2 moldes pequeños y redondos. Meta 5 minutos en el horno de microondas y deje enfriar.

Pele la cebolla y córtela en rodajas finas. Páselas por el fuego en una sartén con un fondo de agua y el curry.

Lave y corte el tomate en rodajas. Lave las hojas de la lechuga.

Cuando el pan de molde se haya enfriado, sáquelo de los moldes, córtelo en dos y ponga a asar las rebanadas de pan en posición 6 del tostador.

Disponga las 2 lonchas en un plato. Ponga encima de cada una de ellas el queso, las rodajas de cebolla al curry, las rodajas de tomate y las hojas de lechuga. Ponga a continuación sobre una de las partes de suprema el jamón de pollo. Añada un poco de ketchup *light*. Cubra con la otra mitad de pan.

Repita la operación para la otra suprema. Sólo queda saborear…

Chile con carne y tofu

FASE 2
PV

- **Para 2 personas**
- **Tiempo de preparación**
  10 minutos
- **Tiempo de cocción**
  20 minutos
- **Ingredientes**
  > 2 dientes de ajo
  > 2 cebollas
  > 2 pimientos verdes
  > 400 g de carne de buey picada
  > 300 g de tofu
  > 1 lata de 500 g de pulpa de tomate
  > 1 cucharada de polvo de chile
  > 1 hoja de laurel
  > 1/4 de cucharada de comino
  en polvo
  > Sal, pimienta

En una sartén con revestimiento antiadherente, rehogue a fuego medio el ajo picado, las cebollas finamente cortadas, los pimientos verdes cortados en dados, la carne de buey y el tofu desmigajado durante 5 minutos.

Añada todos los demás ingredientes y mezcle bien. Salpimente.

Cuando hierva, cubra, reduzca ligeramente la llama y deje a fuego lento 15 minutos.

Según su gusto, puede acompañar este plato con calabacines al vapor o una buena lechuga. A su gusto.

Lasaña de berenjenas con tofu

FASE 2
PV

- **Para 2 personas**
- **Tiempo de preparación**
  25 minutos
- **Tiempo de reposo**
  30 minutos
- **Tiempo de cocción**
  35 minutos
- **Ingredientes**
  > 1 berenjena mediana
  > 1 calabacín
  > 1 o 2 tomate(s)
  > 100 g de tofu firme
  a las finas hierbas
  > 1 cebolla
  > 1 diente de ajo
  > 1/2 cubo de caldo de ave de corral
  sin grasa
  > 1 cucharadita de especias italianas
  preparadas
  > Un poco de emmental rallado
  5 % (tolerado)
  > Sal

Corte la berenjena en lonchas finas, condimente con sal y deje macerar durante un mínimo de 30 minutos. Enjuague a continuación con agua fría y seque bien.

Precaliente el horno a 240 °C.

Corte finamente el calabacín y el o los tomates.

Corte el tofu en láminas finas y la cebolla y el ajo en rodajas.

En una sartén con revestimiento antiadherente, tueste unos minutos las rodajas de berenjena con 4 cucharadas de agua y el 1/2 cubo de caldo deshecho, hasta que estén un poco doradas.

Haga otro tanto con las rodajas de calabacín y de tofu, por separado. Reserve.

Pase por el fuego la cebolla y el ajo 1 o 2 minutos con 2 cucharadas de agua y añada los tomates. Sazone con especias italianas.

Ponga en una bandeja de horno una primera capa de berenjena de modo que cubra el fondo. Coloque los calabacines encima de la berenjena. Disponga una nueva capa con las lonchas de tofu y sazone con emmental descremado rallado. Añada los tomates, las rodajas de cebolla y de ajo. Termine con una capa de berenjena. Deje en el horno 25 minutos. Cinco minutos antes de finalizar la cocción, sazone con un poco de emmental descremado rallado.

Lomo de buey con pimientos

FASE 2
PV

- **Para 2 personas**
- **Tiempo de preparación**
  15 minutos
- **Tiempo de cocción**
  20 minutos
- **Ingredientes**
  > 2 pimientos rojos
  > 1 pimiento verde
  > 400 g de lomo de buey
  > 2 chalotas
  > 1 cucharadita de salsa roja
  > Hierbas de Provenza
  > Sal, pimienta

Corte y despepite los pimientos. Córtelos en láminas finas.

Corte la carne en dados. En una olla con revestimiento antiadherente, rehogue las chalotas en trozos pequeños y los pedazos de carne entre 5 y 10 minutos. Eche sal.

Añada las láminas de pimiento y deje cocer el conjunto mientras va removiendo durante 10 minutos. Diez minutos antes de que se acabe de cocer, vierta la salsa roja.

Salpimiente y condimente con hierbas de Provenza.

Pollo al curry con verduras

FASE 3

- **Para 2 personas**
- **Tiempo de preparación**
  20 minutos
- **Tiempo de cocción**
  1 h 10 minutos
- **Ingredientes**
  > 1 berenjena
  > 2 calabacines
  > 2 cebollas
  > 1 cucharadita de aceite de oliva
  > 1 cubo de caldo de ave
  de corral desgrasada
  > 1 lata de 400 g de tomates
  triturados
  > 2 cucharaditas de curry
  > 1 cucharada de persillada
  preparada
  > 2 filetes de pollo
  > 1 manzana
  > 1 pellizco de jengibre
  > 10 cl de nata líquida
  3 % (tolerada)
  > Sal, pimienta

Lave y corte en dados la berenjena y los calabacines. Pele y corte en láminas una cebolla. Rehogue las verduras en aceite de oliva y un poco de agua, en una sartén con revestimiento antiadherente, durante 20 minutos. No dude en echar un poco más de agua si se pega.

Añada la mitad del cubo de caldo deshecho y los tomates triturados. Mezcle bien, añada una cucharadita de curry y un poco de persillada. Salpimiente. Deje a fuego lento 40 minutos.

Corte los filetes de pollo en trozos.

Pele y corte en rodajas la cebolla restante. Pele la manzana y córtela en láminas finas. Dore la cebolla y la manzana en una sartén con revestimiento antiadherente con cuatro cucharadas de agua. Cuando esté listo, deshaga la otra mitad de cubo de caldo con cuatro cucharadas de agua. Añada los trozos de pollo, deje espesarse un poco, incorpore el curry restante, el jengibre y deje hacer a fuego lento. Salpimiente un poco.

Vierta en el último momento la nata líquida.

Filetes de salmonete con albahaca

FASE 3

- ■ **Para 3 personas**
- ■ **Tiempo de preparación**
  15 minutos
- ■ **Tiempo de cocción**
  10 minutos
- ■ **Ingredientes**
  > 350 g de tomates
  > 1 diente de ajo
  > 1 ramillete de albahaca
  > 2 cucharaditas de aceite de oliva
  > 6 filetes de salmonete
  > 1 cucharada de vinagre balsámico
  > Sal, pimienta

Lave los tomates y córtelos en pequeños dados regulares.

Pele el ajo.

Lave, seque y deshoje la albahaca. Pásela por la picadora eléctrica, después añada el ajo y una cucharadita de aceite de oliva. Páselo todo otra vez por la picadora hasta obtener un puré.

Seque los filetes de salmonete con papel de cocina. Píntelos ligeramente con un pincel untado con el resto del aceite de oliva. Caliente una sartén con revestimiento antiadherente y ponga a dorar en él los filetes 2 minutos de cada lado a fuego vivo. Sale. Retire los filetes. Manténgalos en caliente.

Vierta el vinagre en la sartén y rasque con una espátula para disolver los jugos. Deje que hierva 1 minuto. Añada los tomates. Caliéntelos 2 minutos en el jugo de la sartén removiendo para bañarlos bien. Salpimiente.

Pase el contenido de la sartén a una gran fuente. Disponga los filetes de salmonete sobre el lecho de tomates. Cúbralos con el puré de albahaca y decore si quiere con bonitos ramilletes de albahaca. Sirva enseguida.

Vieiras a la normanda

- **Para 2 personas**
- **Tiempo de preparación**
  20 minutos
- **Tiempo de cocción**
  20 minutos
- **Ingredientes**
  > 4 cucharaditas de mostaza
  > 1 pequeño ramillete
  de finas hierbas
  > 300 g de tomates
  > 1 manzana de buen tamaño
  > 300 g de vieiras
  > 2 chalotas
  > 1 buen pellizco de pimentón
  > 1 naranja
  > 2 cucharadas de nata espesa
  3 % MG (tolerado)
  > 1 pequeño ramillete de perejil
  picado
  > Sal, pimienta

Precaliente el horno a 180 °C.

Mezcle la mostaza con las finas hierbas, sal y pimienta.

Corte la parte superior de los tomates y deposítela en una bandeja de gratinar. Reparta la preparación sobre cada tomate, vuelva a tapar con la parte superior y deje en el horno durante 20 minutos.

Al mismo tiempo, pele y corte la manzana en finas láminas. En una sartén con revestimiento antiadherente, rehogue las vieiras con las láminas de manzana. Añada las chalotas hendidas y sazonadas con un poco de sal, pimienta y pimentón. Incorpore enseguida el zumo de limón, después la nata. Deje reducir a fuego muy lento.

Deposite en los platos con un toque de perejil picado y añada los tomates asados.

Pollo al coco y judías con tofu

FASE 3

- **Para 2 personas**
- **Tiempo de preparación**
  10 minutos
- **Tiempo de cocción**
  15 minutos
- **Ingredientes**
  > 1 pimiento verde
  > 2 filetes de pollo
  > 200 ml de leche de coco
  > 1 cucharadita de curry en polvo
  > De 100 a 150 g de tofu natural
  > 2 gavillas de judías verdes
  > Algunos granos de sésamo
  y de amapola
  > Sal, pimienta

Lave y despepite el pimiento. Córtelo en láminas finas.

Rehogue los filetes con la leche de coco y el curry en una sartén con revestimiento antiadherente. Añada el pimiento.

Corte el tofu en dados. En otra sartén, rehogue a fuego lento las gavillas de judías y el tofu con un poco de salsa de leche de coco. Salpimente.

Presente en platos los filetes con un poco de salsa con leche de coco y algún trozo de pimiento.

Disponga enseguida las gavillas y los dados de tofu natural.

Termine con un toque de semillas de amapola y de sésamo sobre los dados de tofu natural.

Gambas y pollo con salsa de coco y especias

FASE 3

- ■ **Para 2 personas**
- ■ **Tiempo de preparación**
  20 minutos
- ■ **Tiempo de cocción**
  20 minutos
- ■ **Ingredientes**
  > 1 filete de pollo
  > 300 g de gambas
  > 2 dientes de ajo
  > 1 cebolla
  > 1 cucharadita de polvo de curry
  > 1/2 cucharadita de pimentón dulce
  > 200 ml de leche de coco
  > 6 espárragos blancos
  > Sal, pimienta

Corte el filete de pollo en trozos y rehóguelos a fuego lento en una sartén con revestimiento antiadherente y un fondo de agua. Cuando el agua se evapore, añada las gambas previamente peladas. Deje a fuego lento durante 1 minuto y vaya removiendo con una cuchara de madera.

Pele el ajo y la cebolla. Páselo todo por la picadora.

Ponga 4 cucharadas de agua en una sartén para saltear y añada la mezcla ajo/cebolla. Caliente suavemente durante 1 minuto y después añada las especias. Salpimente un poco. Finalice con la leche de coco. Deje cocer a fuego lento durante 5 minutos, removiendo de vez en cuando.

Añada las gambas y los trozos de pollo y mézclelos. Deje calentar 5 minutos a fuego lento.

Caliente los espárragos ya cocidos o bien en la sartén durante 5 minutos o bien en el horno microondas durante 1 minuto.

Coloque los espárragos en platos e incorpore la mezcla de gambas y pollo con salsa de leche de coco y especias.

Los postres

Copa de muesli

FASE 1

- **Para 2 personas**
- **Tiempo de preparación**
  15 minutos
- **Tiempo de cocción**
  15 minutos
- **Tiempo de congelación**
  4 horas
- **Ingredientes**
  > 1/4 de litro de leche descremada
  > 1/2 vaina de vainilla
  > 4 cucharadas de salvado de avena
  > 3 cucharadas de edulcorante
  en polvo (o más, al gusto)
  > 1 huevo entero
  > 1 yogur desnatado
  > 20 gotas de aroma de naranja
  Grand Marnier

Lleve a ebullición la leche en una cazuela con la mitad de vaina de vainilla partida y raspada. Aparte del fuego, añada el salvado de avena y 1 cucharada de edulcorante en polvo. Mezcle bien. Vuelva a meterlo todo a fuego lento y deje espesar el salvado. Incorpore el huevo batido. Retire del fuego.

En un cuenco grande, mezcle el yogur con el resto de edulcorante y el aroma. Incorpore la mezcla al salvado.

Disponga la preparación en vasos y deje enfriar a temperatura ambiente 30 minutos.

Cuando el tiempo haya pasado, métalo todo en el congelador un mínimo de 4 horas. Remueva cada hora para evitar que se formen cristales.

suflé helado de chocolate

FASE 2 PP/PV

- **Para 8 personas**
- **Tiempo de preparación**
  15 minutos
- **Tiempo de cocción**
  5 minutos
- **Tiempo de congelación**
  8 horas
- **Ingredientes**
  > 8 cucharadas de cacao en polvo
  desgrasado (tolerado)
  > 1 cucharadita de aroma de café
  > 2 huevos
  > 3 hojas de gelatina
  > 1 pellizco de sal
  > 10 cucharadas de queso blanco 0 %
  > 4 cucharadas de edulcorante
  en polvo

Caliente ligeramente en una cazuela el cacao en polvo con 10 cl de agua y el aroma de café. Lejos del fuego, añada 2 yemas de huevo y la gelatina previamente ablandada en agua.

Monte las claras a punto de nieve con el pellizco de sal.

Mezcle con una batidora el requesón y el edulcorante. Añada el preparado de cacao. Remueva bien, después incorpore delicadamente las claras a punto de nieve. Vierta el preparado en aros de cocina inoxidables o en recipientes pequeños, y déjelo en el congelador durante 8 horas.

Saque los suflés 10 minutos antes de servir.

Mousse espumoso de pistacho

- **Para 8-10 personas**
- **Tiempo de preparación**
  15 minutos
- **Tiempo de cocción**
  10 minutos
- **Tiempo de refrigeración**
  4 horas
- **Ingredientes**
  > 3 hojas de gelatina
  > 2-3 cucharadas de edulcorante
  (al gusto)
  > 2 cucharaditas de aroma
  de pistacho
  > 5 gotas de colorante verde
  (opcional)
  > 4 claras de huevo
  > 1 pellizco de sal
  > 400 g de queso blanco 0 %

Deje en remojo durante 5 minutos las hojas de gelatina.

Ponga el edulcorante en una cazuela y añada 4 cucharadas de agua. Lleve a ebullición y déjelo hervir 2 minutos.
Añada a continuación el aroma de pistacho, las hojas de gelatina escurridas y el colorante. Mezcle y retire del fuego.

En una ensaladera, bata las claras a punto de nieve con un pellizco de sal. Añada un hilillo de jarabe aromatizado sin dejar de batir. Incorpore delicadamente el queso blanco para no romper las claras.

Reparta el preparado en los vasos y reserve 4 horas en la nevera.

Crema tofuchoc

FASE 2
PP/PV

- **Para 6-8 vasos**
- **Tiempo de preparación**
  5 minutos
- **Tiempo de refrigeración**
  1 hora
- **Ingredientes**
  > 200 g de tofu sedoso
  > 4 cucharadas de queso blanco 0 %
  > 2 yogures de vainilla 0 %
  > 2 cucharaditas de cacao
  desgrasado (tolerado)
  > 2 cucharaditas de edulcorante
  o más, según el gusto

Pase por la batidora el tofu, el queso blanco, los yogures, el cacao desgrasado y el edulcorante para obtener una mezcla untuosa.

Vierta en vasos y deje reposar en la nevera durante 1 hora.

Compota de ruibarbo

- ■ **Para 6 personas**
- ■ **Tiempo de preparación**
  10 minutos
- ■ **Tiempo de reposo**
  15 minutos
- ■ **Tiempo de cocción**
  30 minutos
- ■ **Ingredientes**
  > 1 kg de ruibarbo
  > 6 cucharadas soperas
  de edulcorante (o más, al gusto)
  > 20 gotas de esencia de vainilla
  u otro aroma (según la esencia,
  empiece por 10 gotas, pruebe
  y añada más si es necesario)

Lave rápidamente el ruibarbo y córtelo sin pelarlo en trozos de entre 1 y 2 centímetros de grosor.

Ponga los trozos en una cacerola y espolvoréelos con el edulcorante. Déjelo que pierda su agua entre 10 y 15 minutos.

Cuando el ruibarbo haya expulsado parte de su líquido, cuézalo a fuego suave con el jugo obtenido removiéndolo ligeramente. Déjelo compotar durante treinta minutos, hasta que adquiera la consistencia deseada. Incorpore la esencia al final de la cocción. Déjelo enfriar un poco y, finalmente, triture la compota.

FASE 2
PP/PV

Tarta tropézienne

- ■ **Para 6 personas**
- ■ **Tiempo de preparación**
  25 minutos
- ■ **Tiempo de cocción**
  30 minutos
- ■ **Tiempo de refrigeración**
  1 h 30 minutos
- ■ **Ingredientes**
  > 2 hojas de gelatina
  > 1/2 litro de leche descremada
  > 1 vaina de vainilla
  > 3 huevos
  > 2 cucharadas de edulcorante
  > 2 cucharadas de fécula de maíz
  (tolerada)
  > 1 cucharada de aroma de ron
  > 1 sobre de gelatina en polvo (6 g)
  > Sal

  Para la masa
  > 3 cucharadas de salvado de avena
  > 1 cucharada de fécula de maíz
  (tolerada)
  > 1 cucharada de leche descremada
  en polvo
  > 2 huevos
  > 1 yogur natural 0 %
  > 30 g de requesón desnatado
  > 1/2 sobre de levadura química

Precaliente el horno a 180 °C.

Mezcle todos los ingredientes de la masa. Vierta en un molde de silicona. Deje cocer al fuego durante 20 minutos. Deje enfriar.

Ponga a ablandar las hojas de gelatina en el agua fría. Caliente la leche hasta que hierva con la vaina de vainilla hendida y rascada.

Durante este rato, en una ensaladera, mezcle las yemas de huevo, el edulcorante, la fécula de maíz y el aroma. Reserve las claras para después.

Retire la leche y añádale las hojas de gelatina. Vierta la leche sobre la mezcla mientras sigue removiendo. Métalo todo en una cazuela. Deje espesar a fuego lento removiendo con una cuchara de madera. Antes de la ebullición y cuando la mezcla sea consistente, retírela del fuego. Reserve en fresco.

Divida el pastel en dos en sentido horizontal.

Monte las claras al punto de nieve con una pizca de sal y, finalmente, añada la gelatina en polvo diluida en un poco de agua. Incorpore las claras a la mezcla anterior. Deje espesarse durante 1 hora en fresco y esparza la mousse por encima de una mitad de pastel. Tape con la otra mitad.

FASE 2
PP/PV

Pan de especias

- **Para 6 a 8 personas**
- **Tiempo de preparación**
  10 minutos
- **Tiempo de cocción**
  45 minutos
- **Ingredientes**
  > 8 cucharadas de salvado de avena
  > 4 cucharadas de salvado de trigo
  > 2 cucharadas de leche descremada
  en polvo
  > 1 sobre de levadura química
  > 6 cucharadas de queso blanco 0 %
  > 3 huevos enteros + 3 claras
  de huevo
  > 2 cucharadas de mezcla de
  especias para pan de especias
  (canela, anís, nuez moscada,
  jengibre, clavo)
  > 2 cucharadas de edulcorante
  líquido

Precaliente el horno a 180 °C.

En una ensaladera mezcle los salvados, la leche en polvo y la
levadura. Añada el queso blanco removiendo bien, después
los huevos enteros y las 3 claras. Remueva hasta obtener una
preparación homogénea. Incorpore las especias y el edulcorante.
Vierta en una bandeja de horno previamente untada de aceite con
ayuda de un papel absorbente.

Dejar en el horno durante 45 minutos. Comprobar la cocción
pinchando con la punta de un cuchillo, que tiene que salir seca.

Cremas
de requesón

- **Para 6 personas**
- **Tiempo de preparación**
  20 minutos
- **Tiempo de cocción**
  30 minutos
- **Tiempo de refrigeración**
  5 horas
- **Ingredientes**
  > 6 hojas de gelatina
  > 1 litro de leche descremada
  > 2 mandarinas no tratadas
  > 1 cucharadita de canela en polvo
  > 2 vainas de vainilla
  > 4 yemas de huevo
  > 4 cucharadas de edulcorante
  en polvo (o más si así lo desea)
  > 8 dados de requesón 0 %
  > 10 cl de nata líquida 3 %
  (tolerada y opcional)
  > 1 cucharada de aroma
  de mandarina
  > 1 cucharadita de aroma de naranja

Ponga en remojo las hojas de gelatina 5 minutos.

Ponga en una cazuela la leche, la piel de las mandarinas, la canela y la vainas de vainilla partidas en dos y rascadas. Lleve a ebullición y deje infusionar 20 minutos.

En un bol grande bata las yemas con el edulcorante, el requesón, la nata y los aromas.

Con ayuda de un colador chino vierta la leche caliente sobre las yemas y bata con fuerza. Caliente a fuego lento el preparado, sin dejar de remover con una espátula de madera, hasta obtener una crema.

Lejos del fuego, incorpore la gelatina al preparado caliente. Deje enfriar a temperatura ambiente. Vierta el conjunto en vasitos. Deje enfriar a temperatura ambiente y reserve 5 horas en fresco.

Puede cambiar los sabores utilizando aroma de pistacho con la piel de un limón grande.

FASE 2
PV

Mousse
de pulpa de limón

- **Para 6 personas**
- **Tiempo de preparación**
  15 minutos
- **Tiempo de cocción**
  20 minutos
- **Tiempo de refrigeración**
  30 minutos
- **Ingredientes**
  > 3 limones no tratados
  > 3 huevos
  > 3 cucharadas de edulcorante
  en polvo (o más según el gusto)
  > 3 cucharadas de fécula de maíz
  (tolerada)
  > 500 ml de leche descremada.

Aparte la piel de uno de los limones. Exprima los tres. Meta la piel y el jugo en una cazuela. Añada las yemas de los huevos y el edulcorante. Mezcle bien e incorpore la fécula de maíz, diluyendo gradualmente. Caliente la mezcla mientras remueve con una cuchara de madera. Deje espesar y al mismo tiempo añada la leche descremada. Remueva y deje espesar. Quite del fuego y deje templar.

Bata las claras a punto de nieve con fuerza. Incorpore delicadamente a la mezcla anterior. Vierta en recipientes pequeños o en copas y reserve 30 minutos en la nevera antes de servir.

Minibrazos de gitano a la crema de Grand Marnier

FASE 2
PP/PV

■ **Para 6 personas**

■ **Tiempo de preparación**
15 minutos

■ **Tiempo de cocción**
25 minutos

■ **Tiempo de refrigeración**
2 horas

■ **Ingredientes**
> 3 huevos
> 3 cucharadas de salvado de avena
> 1 cucharada de leche descremada
en polvo
> 40 g de requesón desnatado
> 1 cucharada de fécula de maíz
(tolerada)
> 1/2 sobre de levadura química
> 1 cucharadita de aroma de vainilla
> 2 cucharadas de edulcorante en polvo
> Un poco de cacao desgrasado
(tolerado)

Para la crema
> 2 hojas de gelatina
> 1/4 de litro de leche descremada
> 2 yemas de huevo
> 1 cucharada de edulcorante en polvo
> 1 cucharada de fécula de maíz
(tolerada)
> 1 cucharadita de aroma de naranja
Grand Marnier

Deje ablandar las hojas de gelatina en agua fría durante 5
minutos. Hierva la leche. Mezcle en un bol las yemas
de huevo, el edulcorante, la fécula y el aroma.

Retire la leche del fuego y añada la gelatina. Mezcle bien. Vierta
lentamente la leche en el preparado de huevos removiendo con
ayuda de una cuchara de madera. Reserve el conjunto en la cazuela
para que se espese. Deje enfriar a temperatura ambiente y después
2 horas en la nevera.

Al cabo de dos horas puede preparar el bizcocho. Precaliente
el horno a 160 °C sin la rejilla.

Separe las yemas y las claras. Incorpore a las yemas el salvado, la
leche, el requesón, la fécula, la levadura, el aroma y el edulcorante.
Mezcle enérgicamente con el batidor. Incorpore las claras montadas
a punto de nieve. Coloque un molde de silicona (más fácil de
desmoldar) sobre la rejilla y extienda el preparado del bizcocho.
Meta en el horno y deje cocer hasta que el bizcocho esté bien
dorado. Desmolde sobre un trapo húmedo y enrolle inmediatamente.
Deje entibiar y desenrolle. Reparta la crema
y enrolle el conjunto con cuidado.

En el momento de servir, corte los extremos del brazo de gitano
y después córtelo en 6 partes. Coloque en platos y sazone
ligeramente con cacao desgrasado (tolerado).

Vasitos de mousse de dos limones

FASE 2 PV

- **Para 6 personas**
- **Tiempo de preparación**
  25 minutos
- **Tiempo de cocción**
  35 minutos
- **Tiempo de refrigeración**
  2 h 30 minutos
- **Ingredientes**
  > 4 cucharadas de edulcorante
  en polvo
  > 1 limón no tratado
  > 1 limon verde no tratado
  Para la mousse
  > 2 limones no tratados
  > 2 hojas de gelatina
  > 4 huevos enteros
  > 3 cucharadas de edulcorante
  en polvo
  > 15 cl de leche descremada
  > 1 pellizco de sal
  > 6 merengues Dukan

Mezcle el edulcorante y 5 cl de agua. Caliente a fuego lento y reserve.

Corte 1 limón amarillo y 1 limón verde en rodajas muy finas y quíteles las pepitas. Córtelos en 4. Póngalos a hervir a fuego lento, cerca de 20 minutos, en el jarabe. Deje enfriar y después escurra. Reserve los limones confitados para la decoración y 2 cucharadas de jarabe para las claras al punto de nieve.

Ralle la piel de los limones. Métala de lado en una copela. Exprima el jugo y resérvelo.

Ablande las hojas de gelatina en agua fría.

Prepare la crema: bata dos huevos enteros y 2 yemas con el edulcorante, hasta que la mezcla se vuelva esponjosa (reserve las claras). Añada la piel y el zumo de limón y deje espesar un poco a fuego lento en una cazuela. Vierta la leche poco a poco. Retire del fuego e incorpore las hojas de gelatina.

Monte las claras a punto de nieve con una pizca de sal.
Al final, mezcle suavemente 2 cucharadas de jarabe e incorpórelas a la crema.

Para montar los vasitos, aplaste los merengues y distribúyalos por los vasos. Cúbralos de una capa de mousse y decore el conjunto con los limones confitados. Reserve en la nevera como mínimo 2 h 30 min antes de servir.

Natillas sabor vainilla-avellana y daditos de fresa

- ■ **Para 6 recipientes grandes**
- ■ **Tiempo de preparación**
  15 minutos
- ■ **Tiempo de cocción**
  40 minutos
- ■ **Tiempo de refrigeración**
  1 hora
- ■ **Ingredientes**
  > 50 cl de leche descremada
  > 1 vaina de vainilla
  > 4 yemas de huevo
  > 6 cucharadas de edulcorante en polvo
  > 1/2 cucharadita de aroma de avellana tostada
  > 12 fresas
  > 20 cl de nata líquida 3 % (tolerada)

Vierta en una cazuela la leche descremada y la vaina de vainilla partida en dos y rallada. Lleve a ebullición. Deje reposar de 5 a 10 minutos y retire la vaina.

Saque la rejilla del horno y precaliente a 180 °C.

En un bol grande, mezcle las yemas de huevo con el edulcorante y el aroma de avellana tostada.

Lave y corte las fresas en daditos. Dispóngalas en los recipientes.

Mezcle bien removiendo con una cuchara la leche caliente con las yemas y añada la nata. Vierta el preparado sobre los dados de fresa, disponga sobre la reja y meta en el horno 30 minutos.

Deje enfriar a temperatura ambiente, después 1 hora en la nevera.

Piña y crema inglesa heladas

FASE 3

- **Para 2 personas**
- **Tiempo de preparación**
  15 minutos
- **Tiempo de cocción**
  20 minutos
- **Tiempo de congelación**
  3 horas
- **Ingredientes**
  > 20 cl de leche descremada
  > 1 vaina de vainilla
  > 3 yemas de huevo
  > 3 cucharadas de edulcorante
  en polvo
  > 20 gotas de aroma de ron blanco
  > 2 buenas rodajas de piña
  > Pan de azúcar
  > Aroma de ron blanco

Vierta en una cazuela la leche y la vaina de vainilla partida en dos y raspada. Lleve a ebullición.

En un bol grande, bata las yemas de huevo con el edulcorante en polvo y el aroma de ron blanco. Vierta le leche caliente sobre las yemas mientras mezcla con fuerza. Caliente a fuego lento el preparado sin dejar de remover con una espátula de madera, hasta obtener una crema. Vierta el conjunto en botes.

Deje enfriar a temperatura ambiente y después deje 3 horas en el congelador.

En el momento de servir el postre prepare la piña. Saque las natillas del congelador. Dispóngalo todo en un plato y degústelo.

Clafouti de pistacho y albaricoque

FASE 3

- **Para 6 personas**
- **Tiempo de preparación**
  10 minutos
- **Tiempo de cocción**
  45 minutos
- **Ingredientes**
  > 4 huevos
  > 30 g de harina integral de trigo
  > 40 cl de leche descremada
  > 3 cucharadas de edulcorante
  > 1 cucharadita de levadura química
  > 2 cucharadas de aroma de pistacho
  > 28 orejones de albaricoque

Precaliente el horno a 180 °C.

Bata los huevos con la harina, la leche, el edulcorante, la levadura y el aroma.

Disponga los orejones de albaricoque en una bandeja con revestimiento antiadherente y cubra con el preparado. Meta en el horno y deje cocer durante 45 minutos. Compruebe la cocción del clafouti y deje más tiempo si es necesario.

Saque del horno y deje enfriar antes de comer.

FASE 3

Compota con especias

- ■ **Para 4 personas**
- ■ **Tiempo de preparación**
  25 minutos
- ■ **Tiempo de cocción**
  30 minutos
- ■ **Ingredientes**
  > 1 naranja
  > 1 kg de manzanas
  > 1 rama de canela
  > 1 clavo
  > 3 cucharadas de salvado de avena
  > Unos granos de cardamomo

Pele la naranja y córtela en cuatro partes.

Quite la piel de las manzanas y córtelas en cubitos.

Tueste ligeramente la canela, el clavo, el salvado de avena y los granos de cardamomo en seco en una sartén con revestimiento antiadherente. Añada la naranja y las manzanas.

Cueza en reciente tapado a fuego medio hasta que las manzanas se aplasten solas.

Panacota de vainilla, jarabe balsámico y frambuesas

- **Para 4 personas**
- **Tiempo de preparación**
  15 minutos
- **Tiempo de cocción**
  20 minutos
- **Tiempo de refrigeración**
  8 horas
- **Ingredientes**
  > 4 hojas de gelatina
  > 50 cl de leche descremada
  > 2 vainas de vainilla
  > 4 yemas de huevo
  > 4 cucharadas de edulcorante
  en polvo
  > 20 cl de nata líquida 3 % (tolerada)
  > Jarabe de vinagre balsámico
  > 20 frambuesas (o más para
  los golosos)

Ablande la gelatina durante 5 minutos en agua fría.

En una cazuela hierva la leche con las vainas de vainilla partidas y raspadas.

Bata en un bol las yemas de huevo con dos cucharadas de edulcorante en polvo. Quite las vainas y vierta la leche en las yemas al mismo tiempo que mezcla. Vuélvalo a poner todo en una cazuela. Caliente a fuego lento, sin dejar de remover con ayuda de una espátula de madera, hasta obtener una crema.

Retire la mezcla del fuego e incorpore la gelatina. Deje enfriar a temperatura ambiente.

Mezcle con la batidora, en una ensaladera, la nata y el resto del edulcorante. Añada el preparado anterior. Viértalo todo en copas y deje reposar a temperatura ambiente; después deje en la nevera 8 horas.

En el momento de servir, desmolde en platos de postre y vierta un hilillo de jarabe de vinagre balsámico. Decore con las frambuesas.

Trucos: para desmoldar fácilmente una panacota hay que dejar entrar un poco de aire. Para el jarabe de vinagre balsámico, se necesitan 5 litros de vinagre que se hierven para obtener 1 litro de jarabe (acuérdese de ventilar, porque desprende un olor fuerte). También hay ya preparado.

Soja entre dos fresas

- ■ **Para 2 personas**
- ■ **Tiempo de preparación**
  10 minutos
- ■ **Tiempo de refrigeración**
  10 minutos
- ■ **Ingredientes**
  > 100 g de fresas
  > 1/2 limón
  > Edulcorante (a su gusto)
  > 2 yogures de soja con vainilla
  o 2 yogures de soja natural con
  edulcorante de vainilla

Enjuague y quite los pedúnculos de las fresas.

Páselas por la batidora con el zumo de medio limón y el edulcorante.
Pruebe, corrija si es necesario y reserve en fresco durante 10
minutos.

Vierta un poco de jugo de fresa en cada recipiente.
Añada 1 yogur y termine con jugo.

Confitura de albaricoque

FASE 3

- ■ **Para 1 bote**
- ■ **Tiempo de preparación**
  15 minutos
- ■ **Tiempo de cocción**
  15 minutos
- ■ **Ingredientes**
  > 300 g de albaricoques bien
  maduros
  > 4 cucharadas de edulcorante
  (más o menos, según su gusto)
  > Un poco de canela en polvo
  > 1/2 cucharadita de agar-agar

Lave y corte los albaricoques en cuatro. Métalos en una cazuela con el edulcorante y la canela en polvo. Lleve a ebullición, baje el fuego y deje hacer a fuego lento durante 5 minutos.

Añada el agar-agar y cueza 1 minuto a fuego lento removiendo bien. Aplaste ligeramente el preparado con un tenedor.

Métalo enseguida en un bote. Tape con papel film y una goma elástica y después ponga la tapa.

Islas flotantes a la moka

- **Para 4 personas**
- **Tiempo de preparación**
  15 minutos
- **Tiempo de cocción**
  20 minutos
- **Tiempo de refrigeración**
  1 hora
- **Ingredientes**
  > 38 cl de leche semidescremada
  condensada sin azúcar 4 %
  > 10 cl de leche descremada
  > 1 vaina de vainilla o 1 cucharadita
  de aroma de vainilla
  > 4 huevos
  > 1 cucharadita de aroma
  de café moka
  > 4 cucharadas de edulcorante
  en polvo
  > 1 o 2 cucharaditas de fécula
  de maíz (tolerada)

Hierva en una cazuela la leche condensada y la leche descremada con la vaina de vainilla partida en dos y rallada.

Separe las yemas de huevo y las claras. En una ensaladera, monte las claras a punto de nieve con el aroma de café moka y 2 cucharadas de edulcorante en polvo.

Haga bolas con esa masa blanca sirviéndose de una cuchara sopera y métalas en el microondas durante 1 minuto (potencia 800/900 W). Póngalas sobre papel absorbente y déjelas enfriar a temperatura ambiente.

Mezcle en un bol las yemas de huevo, el resto del edulcorante y la fécula de maíz. Vierta suavemente la leche caliente. Vuelva a meterlo todo en una cazuela a fuego lento. Remueva hasta obtener una crema densa. Deje enfriar a temperatura ambiente y después en la nevera durante 1 hora.

Vierta la crema en las copas y coloque las bolas de clara montada encima.

Manzanas sorpresa a la canela

FASE 3

- ■ **Para 4 personas**
- ■ **Tiempo de preparación**
  15 minutos
- ■ **Tiempo de cocción**
  25 minutos
- ■ **Ingredientes**
  > 4 buenas manzanas golden
  > 1 huevo
  > 200 g de queso de suero desnatado
  > 2 cucharadas de edulcorante
  > 1 cucharadita de canela en polvo
  > 1 cucharadita de extracto
  de vainilla líquida

Precaliente el horno a 180 °C.

Corte la parte superior de cada manzana, y vacíelas directamente sin pincharlas.

En una ensaladera, bata el huevo, el queso de suero desnatado bien escurrido, el edulcorante, la canela y el extracto de vainilla.

Rellene las manzanas con la mezcla. Vuelva a poner la parte superior de las manzanas, envuelva con papel vegetal.

Ponga sobre una bandeja de asar y meta en el horno 25 minutos.

Sirva y deguste tibio.

Bibliografía en francés:

Mon secret minceur et santé,
J'ai lu, 2009.

Les recettes Dukan : mon régime en 350 recettes,
J'ai lu, 2008.

*Les hommes préfèrent les rondes : garder la forme
en gardant ses formes,*
J'ai lu, 2008.

Evaluator : 1140 aliments évalués,
le Cherche Midi, 2007.

Les recettes Dukan : mon régime en 350 recettes,
Flammarion, 2007

Evaluator 2005 : 1140 aliments testés,
le Cherche Midi, 2005.

Je ne sais pas maigrir,
J'ai lu, 2003

Les hommes préfèrent les rondes,
le Cherche Midi, 2003.

Dictionnaire de diététique et de nutrition,
LGF, 2002.

Je ne sais pas maigrir,
Flammarion, 2001.

Dictionnaire de diététique et de nutrition,
le Cherche Midi, 1998.

Pour en finir avec la cellulite,
Grancher, 1992.

Maigrir et rester mince,
Belfond, 1987.

L'après maigrir,
Belfond, 1985.

Maigrir, l'arme absolue,
Belfond, 1983.

Les hommes préfèrent les rondes,
Marabout, 1982.

Bibliografía en español:

Las recetas Dukan
RBA, enero 2011.

No consigo adelgazar
RBA, Barcelona, 2010.

PÁGINAS WEB
www.regimedukan.com
www.dietadukan.es
www.pierredukan.com

Para comprar aromatizantes por Internet:
www.mitiendadietadukan.com

Agradecimientos

Quiero expresar mi agradecimiento
a todos cuantos, a lo largo de mi vida,
me han ayudado a crear este método.
Especialmente a mis lectores y pacientes,
quienes, anónimos y generosos, lo han
dado a conocer por propia iniciativa.

Entre ellos, una persona excepcional,
con tanto talento como solvencia, y mucha
más humildad: Carole Kitzinger, sin la
que este libro jamás habría aparecido.

Y puestos a dar las gracias, quiero
mencionar a Vahinée, que conoce
el método tal vez mejor que yo.

Nathalie, Christine, Laetitia, Camelia
e Isabelle serán nombres para usted,
pero para mí son estrellas.

Título original: *La méthode Dukan illustrée*
Autor: Dr. Pierre Dukan
Traductor: Joan Solé Solé
Compaginación: Gerardo Medina para Bonalletra Alcompás, S.

Con la colaboración de Sioux Berger
Adaptación gráfica: Alice Leroy

© del texto, 2009, Dr. Pierre Dukan
© Flammarion, Paris, 2009
© de esta edición: 2009, RBA Libros, S.A.
Diagonal, 189 - 08018 Barcelona
www.rbalibros.com / rba-libros@rba.es

Primera edición: septiembre 2010
Segunda edición: noviembre 2010
Tercera edición: diciembre 2010
Cuarta edición: marzo 2011
Quinta edición: abril 2011
Sexta edición: mayo 2011
Séptima edición: junio 2011
Octava edición: diciembre 2011

Ref.: 0AGO203
ISBN: 978-84-9298-100-7
Impreso en Dedalo, Valladolid, España.
Depósito legal: M-41842-2011